Erste Hilfe zum Barrierefreiheitsstärkungsgesetz

Vorwort

Liebe Leserinnen und Leser,

„Niemand darf wegen seiner Behinderung benachteiligt werden." Mit diesem Satz haben die Mütter und Väter des Grundgesetzes 1949 den Artikel über die Gleichheit vor dem Gesetz enden lassen. Gut 75 Jahre später wird dieser wichtige Rechtssatz auf ganz besondere Weise mit Leben gefüllt. Das Barrierefreiheitsstärkungsgesetz wird am 28. Juni 2025 in Kraft treten.

Gesetze sprechen, auch wenn sie gut gemacht sind, keine leichte Sprache. Das gilt insbesondere dann, wenn sie komplexe rechtliche und technische Anforderungen für ihre Implementierung stellen. Der Gesetzgeber nimmt die Wirtschaft in ganz Europa zu Recht in die Pflicht zur Umsetzung von Barrierefreiheit. Nur so lässt sich mittelfristig eine gleichberechtigte Teilhabe für Menschen in ihrem Alltagsleben erreichen, das zunehmend komplexer wird.

Dieser Leitfaden versteht sich nicht nur als Informationsquelle und Werkzeug, um die rechtlichen Neuerungen umzusetzen, sondern auch als Grundlage für ein tieferliegendes Verständnis und eine Wertschätzung für die Bedeutung von Barrierefreiheit in unserer Welt. Barrierefreiheitsfunktionalität kommt uns allen zugute, egal ob es sich um dauerhafte oder temporäre, um aktuelle oder zukünftige Einschränkungen handeln mag, die jede und jeden von uns betreffen können.

Diese Broschüre richtet sich an eine breite Leserschaft – von Fachleuten und Entscheidungsträgern bis hin zu interessierten Einzelpersonen. Unser Ziel ist es, ein Bewusstsein dafür zu schaffen, dass Barrierefreiheit weit über die Erfüllung gesetzlicher Pflichten hinausgeht. Sie ist vielmehr eine Chance, unsere Umgebung, Dienstleistungen und Produkte so zu gestalten, dass sie für alle Menschen zugänglich und nutzbar sind.

Wir hoffen, Ihnen mit unseren praktischen Beispielen, Übersichten und kleinen Arbeitshilfen nicht nur das notwendige Wissen zu vermitteln, sondern auch praxistaugliche Lösungen vor Augen zu führen, um eine inklusivere und zugänglichere Welt zu gestalten.

Die Verfasser danken Frau Eva-Maria Pottkämper für die wertvolle Unterstützung bei der Erstellung des Manuskripts.

Prof. Dr. Rolf Schwartmann
Dr. h. c. Marit Hansen

Köln/Kiel im Juni 2024

Inhaltsverzeichnis

1 Einführung

Das Barrierefreiheitsstärkungsgesetz (BFSG) wurde im Zuge des fortschreitenden gesellschaftlichen Bewusstseins für Inklusion und Barrierefreiheit geschaffen. Es zielt darauf ab, die Zugänglichkeit und Nutzbarkeit von Produkten und Dienstleistungen für Menschen mit Behinderungen zu verbessern. Der vorliegende Leitfaden soll als Handreichung für Unternehmen, öffentliche Einrichtungen und Betroffene dienen, um die rechtlichen Rahmenbedingungen und Anforderungen des BFSG besser zu verstehen und leichter umsetzen zu können.

Im Fokus stehen die Kernaspekte des Gesetzes: die Definition von Barrierefreiheit, die Reichweite der gesetzlichen Anforderungen, die Verantwortlichkeiten der verschiedenen Akteure sowie die Sanktionen bei Nichteinhaltung. Besonderes Augenmerk liegt auf praxisorientierten Anleitungen, um eine effektive, praktisch umsetzbare und rechtskonforme Umsetzung der Barrierefreiheit in repräsentativen Bereichen wie digitalen Medien, öffentlichen Verkehrsmitteln und bei Kundendienstleistungen zu unterstützen.

1. Warum ein Gesetz zur Stärkung der Barrierefreiheit?

Die Teilhabe am öffentlichen Leben ist gerade in der digitalisierten Welt kompliziert geworden. Das ist einerseits paradox und andererseits verständlich. Paradox ist die Aussage, weil die von digitalen Angeboten geprägte Umwelt das Leben unkomplizierter machen soll. Online-Tickets für den ÖPNV zu buchen oder an der Supermarktkasse seine Einkäufe selbst zu scannen, kann das möglich machen. Zugleich ist die Nutzung von Computern und Online-Angeboten aber für viele Menschen kompliziert. Das verwundert nicht, denn natürlich fällt es einem geschulten Kassierer oder einer Verkäuferin am Schalter von Bahntickets leichter, sich mit der Bedienung der Technik zum Verkauf von Waren oder Dienstleistungen vertraut zu machen, als Verbraucherinnen und Verbrauchern.

In der Tat ist die Nutzung von Automaten, Online-Angeboten und Apps für die meisten Menschen herausfordernd. Die Probleme beginnen bei der Schriftgröße, gehen über die Nutzerführung und sie enden häufig bei Tücken und Fehlern der Technik. Nicht nur besonders junge oder ältere Menschen fühlen sich in solchen Situationen hilflos oder überfordert.

Hilfe und Bedachtnahme auf ihre besonderen Belange haben insbesondere **Menschen mit Behinderungen** nötig. Personen die langfristig (in der Regel länger als sechs Monate, § 2 Nr. 1 BFSG) körperliche, seelische, geistige oder Sinnesbeeinträchtigungen zu beklagen haben, die sie daran hindern können, in „Wechselwirkung mit einstellungs- oder umweltbedingten Barrieren an der gleichberechtigten Teilhabe an der Gesellschaft" zu partizipieren, haben ein besonderes Anrecht auf Schutz und Hilfe durch den Staat. Nach Angaben des Statistischen Bundesamtes sind in Deutschland rund 7,8 Millionen Menschen schwerbehindert. Das entspricht etwa 10,2 % der Gesamtbevölkerung (Statistisches Bundesamt, abrufbar unter: https://www.destatis.de/DE/Themen/Gesellschaft-Umwelt/Gesundheit/Behinderte-Menschen/_inhalt.html).

Dem Ziel, diesen Menschen das Leben leichter zu machen, trägt in Deutschland das **Barrierefreiheitsstärkungsgesetz (BFSG)** Rechnung, das bis zum 28.6.2025 flächendeckend umgesetzt sein muss.

2. Was sind die Rechtsquellen zur Stärkung der Barrierefreiheit?

Mit dem BFSG wurde die europäische Barrierefreiheitsrichtlinie (**Richtlinie EU 2019/882** über die Barrierefreiheitsanforderungen für Produkte und Dienstleistungen, European Accessibility Act, **kurz: EAA**) umgesetzt. Die Richtlinie (EU) 2019/882 des Europäischen Parlaments und des Rates vom 17. April 2019 über die Barrierefreiheitsanforderungen für Produkte und Dienstleistungen ist abrufbar unter https://eur-lex.europa.eu/legal-content/DE/TXT/PDF/?uri=CELEX:32019L0882&from=DE. Die Hauptziele des **EAA** und somit des BFSG sind die **Förderung der Teilhabe** von Menschen mit Behinderungen, die Harmonisierung der Anforderungen für Barrierefreiheit und somit die **Vereinheitlichung der Standards** für barrierefreie Produkte und Dienstleistungen, die Berücksichtigung digitaler Technologien sowie die Einbeziehung des Privatsektors. Insgesamt zielt die europäische Barrierefreiheitsrichtlinie darauf ab, den Zugang zu Produkten und Dienstleistungen in der gesamten Europäischen Union ohne Diskriminierung zu gewährleisten. Sie trägt dazu bei, die Grundwerte der EU in Bezug auf Menschenrechte, Gleichstellung und soziale Integration zu stärken (Website der Europäischen Union, abrufbar unter https://european-union.europa.eu/principles-countries-history/principles-and-values/aims-and-values_de).

3. Was ist Barrierefreiheit?

Auszug Gesetzestext

§ 3 Abs. 1. S. 2 BFSG
Produkte und Dienstleistungen sind barrierefrei, wenn sie für Menschen mit Behinderungen in der allgemein üblichen Weise, ohne besondere Erschwernis und grundsätzlich ohne fremde Hilfe auffindbar, zugänglich und nutzbar sind.

Was darunter im Einzelnen zu verstehen ist, ergibt sich aus den jeweiligen gesetzlichen Vorgaben, etwa den Pflichten des BFSG für Hersteller, Einführer, Händler und Dienstleistungserbringer.

4. Produkte und Dienstleistungen – was unterfällt dem BFSG?

Dem BFSG unterfallen bestimmte **Produkte** (§ 1 Abs. 2 BFSG) und **Dienstleistungen** (§ 1 Abs. 3 BFSG). Hier differenziert das Gesetz zunächst nach Produktarten (Hardwaresysteme, Selbstbedienungsterminals, Verbraucherendgeräte mit interaktivem Leistungsumfang und E-Book-Lesegeräten. Zudem unterscheidet das BFSG bei Dienstleistungen nach Telekommunikationsdiensten, Personenbeförderungsdiensten in diversen Anwendungen, Bankdienstleistungen für Verbraucher, E-Books und entsprechender Software und Dienstleistungen im elektronischen Geschäftsverkehr.

Das Gesetz enthält **Ausnahmen** für bestimmte Inhalte von Webseiten und für mobile Anwendungen (§ 1 Abs. 4 BFSG). In § 2 BFSG finden sich zudem zahlreiche (41!) **Bestimmungen zentraler Begriffe,** etwa des „Menschen mit Behinderung", des „Produkts" der „Dienstleistung" und des „Hardwaresystems".

5. Wer ist Adressat der Pflichten zur Stärkung von Barrierefreiheit?

In § 3 BFSG adressiert das Gesetz Pflichten und Pflichtige, um die Barrierefreiheit zu stärken. Die Pflichten richten sich an **Produkthersteller** und an deren **Bevollmächtigte** sowie an **Einführer** und an **Händler** von **Produkten** (§§ 6–12 BFSG). Ebenso werden **Dienstleistungserbringer** in die Pflicht genommen (§ 14 BFSG).

6. Wie wird die Stärkung der Barrierefreiheit ins Werk gesetzt?

Um das BFSG ins Werk zu setzen und die Pflichten wirksam auszugestalten, müssen die dem Recht verpflichteten Wirtschaftsakteure aktiv werden. Zum Nachweis einer anerkannten Barrierefreiheit müssen **Produkte** (§ 2 Nr. 2 BFSG) durch eine besondere CE-Kennzeichnung (§§ 19, 2 Nr. 21 BFSG) ausgewiesen werden. Die **Überwachung** der Barrierefreiheit erfolgt durch Marktüberwachungsbehörden (§§ 20, 2 Nr. 22 BFSG) unter Anwendung von **Marktüberwachungsmaßnahmen** für **Produkte** (§§ 21–27 BFSG) und für **Dienstleistungen** (§§ 28–31, § 2 Nr. 3 BFSG). Die Absicherung der Barrierefreiheit erfolgt durch Verwaltungsverfahren, Rechtsbehelfe und Schlichtungsmöglichkeiten (§§ 32–34 BFSG) sowie durch Erfüllung Transparenzanforderungen durch Auskunftspflichten (§ 35 BFSG). Ein Sanktionskatalog (§ 37 BFSG) normiert Bußgelder bei Verstößen gegen Pflichten des Gesetzes. Es gibt aber auch Privilegien für Kleinstunternehmen (§ 2 Nr. 17 BFSG). Für sie muss eine spezifische Beratungsstelle (§ 15 BFSG) für geschaffen werden.

7. Wie war die Entwicklung des BFSG?

a) 27.6.2019: Inkrafttreten der Richtlinie (EU) 2019/882

Die Richtlinie (EU) 2019/882 vom 17.4.2019 über die Barrierefreiheitsanforderungen für Produkte und Dienstleistungen, European Accessibility Act, kurz: EAA) trat am 20. Tag nach der Verkündung im Amtsblatt der EU vom 7.6.2019, das heißt am 27.6.2019, in Kraft. Die Richtlinie (EU) 2019/882 des Europäischen Parlaments und des Rates vom 17. April 2019 über die Barrierefreiheitsanforderungen für Produkte und Dienstleistungen ist abrufbar unter https://eur-lex.europa.eu/legal-content/DE/TXT/PDF/?uri=CELEX:32019L0882&from=DE. Sie war in den Mitgliedstaaten bis zum 28.6.2022 umzusetzen. Als Termin für die Anwendbarkeit des Rechts in den Mitgliedstaaten legte sie den **28.6.2025** fest.

b) 22.7.2021: Verkündung BFSG

In Deutschland wurde am 22.7.2021 das Gesetz zur Umsetzung der Richtlinie (EU) 2019/882 des Europäischen Parlaments und des Rates über die Barrierefreiheitsanforderungen für Produkte und Dienstleistungen im Bundesanzeiger veröffentlicht (BGBl. 2021 I S. 2970).

c) 15.6.2022: Verabschiedung BFSGV

Zu dessen Ausgestaltung wurde die Verordnung über die Barrierefreiheitsanforderungen für Produkte und Dienstleistungen nach dem Barrierefreiheitsstärkungsgesetz (BFSGV) zum Barrierefreiheitsstärkungsgesetz (BFSG) verabschiedet und am 22.6.2022 im Bundesgesetzblatt veröffentlicht. Sie **tritt mit dem BFSG zum 28.6.2025 in Kraft** (BGBl. 2022 I S. 928).

d) 28.6.2025: Inkrafttreten des BFSG und der BFSGV
Ab dem 28.6.2025 sind die Regeln des BFSG anzuwenden.

8. Übergangsfristen für Dienstleistungen und Ausnahme

Es gibt allerdings Ausnahmen:

a) Produkteinsatz bis 27.6.2030
Dienstleistungserbringer können bis zum 27.6.2030 ihre Dienstleistungen weiterhin unter Verwendung von solchen Produkten erbringen, die bereits vor dem 28.6.2025 rechtmäßig für die Erbringung dieser oder ähnlicher Dienstleistungen eingesetzt wurden (§38 Abs. 1 S. 1 BFSG).

b) Fortbestand von Verträgen bis 27.6.2030
Vor dem 28.6.2025 geschlossene Verträge über Dienstleistungen dürfen unverändert bis zum Ablauf der vereinbarten Zeit, für die sie eingegangen sind, jedoch nicht länger als bis zum 27.6.2030, fortbestehen (§38 Abs. 1 S. 2 BFSG).

c) Ausnahme für Selbstbedienungsterminals – Nutzungsdauer bis zum Ende der wirtschaftlichen Lebensdauer
Selbstbedienungsterminals, die vor dem 28.6.2025 von Dienstleistungserbringern unter Einhaltung der geltenden gesetzlichen Regelungen zur Erbringung von Dienstleistungen eingesetzt wurden, dürfen bis zum Ende ihrer wirtschaftlichen Nutzungsdauer, jedoch nicht länger als fünfzehn Jahre (bis maximal 2040), weiter für vergleichbare Dienstleistungen verwendet werden (§38 Abs. 2 BFSG).

9. Wie wird das Gesetz ausdifferenziert?

Eine Verordnung, die BFSGV konkretisiert die Barrierefreiheitsanforderungen von Produkten (siehe Anhang I der Richtlinie (EU) 2019/882 des Europäischen Parlaments und des Rates vom 17. April 2019 über die Barrierefreiheitsanforderungen für Produkte und Dienstleistungen, abrufbar unter: https://eur-lex.europa.eu/legal-content/DE/TXT/PDF/?uri=CELEX:32019L0882&from=DE) und enthält **konkrete Anforderungen** an

- die Bereitstellung von Informationen für Produkte,
- Produktverpackungen und Anleitungen und
- die Gestaltung von Benutzerschnittstellen und die Funktionalität von Produkten.

Darüber hinaus enthält die BFSGV **zusätzliche Anforderungen** an

- Selbstbedienungsterminals,
- E-Book-Lesegeräte,
- Verbraucherendgeräte mit interaktivem Leistungsumfang, die zur Bereitstellung von Telekommunikationsdiensten eingesetzt werden,
- Unterstützungsdienste,
- bestimmte Dienstleistungen, wie beispielsweise Dienstleistungen im elektronischen Geschäftsverkehr (E-Commerce),
- Telekommunikationsdienste,
- Personenbeförderungsdienste sowie Stadt-, Vorort- und Regionalverkehrsdienste sowie
- Bankdienstleistungen für Verbraucher.

→ **HINWEIS**

Bei der Erfüllung der Barrierefreiheitsanforderungen nach der BFSGV, ist immer der **Stand der Technik** (§3 BFSGV) zu berücksichtigen. Der Stand der Technik entwickelt sich über die Zeit weiter. Unternehmen sind verpflichtet, sich über den aktuellen Stand der Technik zu informieren und ihre Maßnahmen zur Barrierefreiheit daran anzupassen. Die wichtigsten zu beachtenden Standards und entsprechende Konformitätstabellen sind auf der Website der Bundesfachstelle Barrierefreiheit dargestellt (Website der Bundesfachstelle Barrierefreiheit, abrufbar unter: https://www.bundesfachstelle-barrierefreiheit.de/). Ein Abweichen vom Stand der Technik ist nur zulässig, sofern auf andere Weise die Anforderungen der Rechtsverordnung erfüllt werden.

2 Anwendungsbereich

Das BFSG findet auf alle in § 1 Abs. 2 und Abs. 3 BFSG aufgeführten Produkte und Dienstleistungen Anwendung, die ***in Deutschland hergestellt, vertrieben, angeboten oder erbracht*** *werden. Dabei gelten die Bestimmungen vor allem für Produkte und Dienstleistungen, die den Zugang zu Informationen und Kommunikation ermöglichen. § 1 Abs. 2 BFSG regelt den Anwendungsbereich für* ***Produkte,*** *und § 1 Abs. 3 BFSG regelt den Anwendungsbereich für* ***Dienstleistungen.*** *Es gibt aber Ausnahmen, die an verschiedenen Stellen im § 1 BFSG aufgeführt und im Folgenden erklärt werden. Der Gesetzgeber will einerseits einen weiten Anwendungskreis ziehen, um zu erreichen, dass Barrierefreiheit nicht nur als „Flickenteppich" eingeführt wird. Das wäre nicht im Sinne der Nutzenden. Andererseits hat der Gesetzgeber für solche Fälle Ausnahmen vorgesehen, in denen die Belastungen für die Wirtschaftsakteure zur Anpassung der Produkte oder Dienstleistungen als zu hoch erscheinen.*

1. Zeitliche Anwendbarkeit: Geltung ab dem 28.6.2025 (§1 Abs. 2 u. 3)

→ **HINWEIS**

§1 Abs. 4 BFSG schränkt den Anwendungsbereich ein. Demnach gilt das BFSG **nicht** für folgende **Inhalte** von Webseiten und mobilen Anwendungen:

- **Aufgezeichnete zeitbasierte Medien,** wie beispielsweise Videos, etwa ein nicht den neuen Anforderungen entsprechendes Erklärvideo für ein Produkt, das vor dem 28.6.2025 veröffentlicht wurden.
- **Dateiformate von Büro-Anwendungen,** wie beispielsweise PDF-Dateien, die vor dem 28.6.2025 veröffentlicht wurden.
- **Online-Karten und Kartendienste,** sofern bei Karten für Navigationszwecke wesentliche Informationen barrierefrei zugänglich in digitaler Form bereitgestellt werden.
- **Inhalte von Dritten,** die von dem betreffenden Wirtschaftsakteur weder finanziert oder entwickelt werden noch dessen Kontrolle unterliegen.
- Inhalte von Webseiten und mobilen Anwendungen, die als **Archive** gelten, da ihre Inhalte nach dem 28.6.2025 weder aktualisiert noch überarbeitet werden.

Das BFSG entfaltet seine Geltung nach §1 Abs. 2 und 3 BFSG ab dem 28.6.2025

- für **Produkte,** die nach dem 28.6.2025 hergestellt werden, und
- für **Dienstleistungen,** die für Verbraucherinnen und Verbraucher nach dem 28.6.2025 erbracht werden,

soweit die Produkte oder Dienstleistungen in der **abschließenden Aufzählung der Norm** erfasst wurden.

Somit haben **Hersteller, Importeure, Händler und Dienstleistungserbringer** die entsprechenden Barrierefreiheitsanforderungen ab dem 28.6.2025 zu erfüllen.

→ **HINWEIS**

Das BFSG und die darin enthaltenen Barrierefreiheitsanforderungen gelten nur für Produkte und Dienstleistungen, die **nach dem 28.6.2025** in den Verkehr gebracht werden. Eine Nachrüstung älterer Produkte oder Dienstleistungen ist also nicht verpflichtend. Findet ein Wirtschaftsakteur sein Produkt oder seine Dienstleistung nicht in der Aufzählung der §1 Abs. 2 und Abs. 3 BFSG, so sind auch die Anforderungen nicht einzuhalten.

Für gewisse Produkte und Dienstleistungen, wie beispielsweise Selbstbedienungsterminals existieren nach §38 BFSG **Übergangsvorschriften,** nach denen die Umsetzung der Barrierefreiheitsanforderungen erst zu einem späteren Zeitpunkt erfolgen muss.

Überblick zu den Übergangsbestimmungen nach §38 BFSG

Dienstleistungen	Selbstbedienungsterminals
• Dienstleistungen, die unter dem Einsatz von Produkten erbracht werden, die vor dem 28.6.2025 rechtmäßig eingesetzt wurden, sind weiterhin bis spätestens 27.6.2030 erlaubt	• Nutzung von Selbstbedienungsterminals, die vor dem 28.6.2025 eingesetzt wurden ist bis zum Ende der wirtschaftlichen Nutzungsdauer erlaubt
• Verträge, die vor dem 28.6.2025 geschlossen wurden, dürfen unverändert bis spätestens 27.6.2030 fortbestehen	• bis **maximal 15 Jahre** nach ihrer Ingebrauchnahme

2. Ist mein Produkt erfasst?

Das BFSG erfasst folgende Produkte, die nach dem 28.6.2025 in den Verkehr gebracht werden:

- **Hardwaresysteme,** wie zum Beispiel Computer, Smartphones, Tablets, Fernseher, Videospiele und Haushaltsgeräte (§1 Abs. 2 S. 1 BFSG),
- **Selbstbedienungsterminals, Zahlungsterminals, Fahrkartenautomaten,** Ticketautomaten, Check-in-Automaten, interaktive Selbstbedienungsterminals zur Bereitstellung von Informationen mit Ausnahme von Terminals, die als integrierte Bestandteile von Fahrzeugen, Luftfahrzeugen, Schiffen oder Schienenfahrzeugen eingebaut sind (§1 Abs. 2 S. 2 BFSG),

> **BEISPIEL: SELBSTBEDIENUNGSTERMINAL (EINZELHANDEL)**
>
> Die Firma Y stellt Selbstbedienungsterminals für den Einzelhandel her. Diese ermöglichen es Kunden, ihre Einkäufe eigenständig zu kassieren. Zu den Elementen der Selbstbedienungsterminals gehören ein Touchscreen für die Benutzereingabe, ein Kartenschlitz oder kontaktlose Zahlungsoptionen für Transaktionen, ein Barcode-Scanner für Produktidentifikation, ein Drucker für Quittungen sowie ein Display für Werbung oder Anweisungen. In § 1 Abs. 2 Nr. 2 Buchstabe a BFSG werden Selbstbedienungsterminals ausdrücklich genannt und fallen daher unter den Anwendungsbereich des BFSG. Sowohl die Hardware als auch die Software eines solchen Selbstbedienungsterminals ist nach den Anforderungen des BFSG barrierefrei zu gestalten. (siehe § 38 Abs. 2 BFSG: Überblick zu den Übergangsvorschriften für Selbstbedienungsterminals, S. 10).

- **Verbraucherendgeräte** mit interaktivem Leistungsumfang, die für **Telekommunikationsdienste** verwendet werden (§ 1 Abs. 2 S. 3 BFSG),

> **BEISPIEL: MOBILTELEFONE**
>
> Die Firma M produziert Mobiltelefone, die laut BFSG als „Verbraucherendgeräte für Telekommunikationsdienste" gelten (§ 1 Abs. 2 Nr. 3 BFSG). Diese werden auch über die Website der Firma M verkauft. Daher muss neben den Mobiltelefonen auch die Website (§ 1 Abs. 3 Nr. 5 BFSG) in ihrer Gesamtheit barrierefrei gestaltet sein, um den Anforderungen des BFSG zu entsprechen.

- **Verbraucherendgeräte** mit interaktivem Leistungsumfang, die für den Zugang zu **audiovisuellen Mediendiensten** verwendet werden **(§ 1 Abs. 2 S. 4 BFSG),**
- **E-Book-Lesegeräte (§ 1 Abs. 2 S. 5 BFSG).**

> **BEISPIEL: E-BOOK-LESEGERÄTE**
>
> Von der Firma E werden E-Book-Lesegeräte hergestellt. Die Firma E beschäftigt erzielt einen Jahresumsatz von mehr als 2 Millionen EUR. Es handelt sich also nicht um ein Kleinstunternehmen im Sinne des § 2 Nr. 17 BFSG. In § 1 Abs. 2 Nr. 5 BFSG und § 1 Abs. 3 Nr. 4 BFSG werden E-Book-Lesegeräte und hierfür bestimmte Software explizit genannt und fallen in den Anwendungsbereich. Daher muss die Firma E die Anforderungen (zum Beispiel Erforderlichkeit einer Sprachausgabe bei E-Books) des BFSG bei der Herstellung der E-Book-Lesegeräte und dazugehöriger Software beachten. Sofern die Firma E ihre E-Book-Lesegeräte über das Internet vertreibt, gelten für die gesamte Website (§ 1 Abs. 3 Nr. 5 BFSG) ebenfalls die Anforderungen des BFSG.

3. Ist meine Dienstleistung erfasst?

Das BFSG erfasst nach § 1 Abs. 3 BFSG folgende **Dienstleistungen,** die für Verbraucher nach dem 28.6.2025 erbracht werden. Das sind im Einzelnen:

- **Telekommunikationsdienste (Nr. 1)** mit Ausnahme von Übertragungsdiensten zur Bereitstellung von Diensten der Maschine-Maschine-Kommunikation. Nicht erfasst ist damit die Kommunikation unter Maschinen (Auto mit Bremsassistenten erkennt Sensor des vorfahrenden Autos).
- **Elemente** von **Personenbeförderungsdiensten (Nr. 2)** im Luft-, Bus-, Schienen- und Schiffsverkehr (ausgenommen Stadt-, Vorort- und Regionalverkehrsdiensten):
  a) Webseiten,
  b) auf Mobilgeräten angebotene Dienstleistungen, einschließlich mobiler Anwendungen,

> **BEISPIEL: APP FÜR PERSONENBEFÖRDERUNGSDIENSTE IM LUFTVERKEHR**
>
> Die Airline A hat ihren Hauptsitz in Deutschland und betreibt sowohl eine Website als auch eine App. Die Website und die App der Airline bieten Kunden eine Vielzahl von Funktionen, darunter die Flugbuchung mit Filteroptionen. Der Online-Check-in ermöglicht das Auswählen von Sitzplätzen und das Herunterladen von Bordkarten. Echtzeit-Updates zu Flugzeiten, Verspätungen und Gepäckstatus unterstützen die

Kunden in ihren Planungen. Benachrichtigungen informieren über Flugstatusänderungen und Boarding-Zeiten. Zahlung und Buchungsverwaltung sind ebenfalls nach Log-in zugänglich. Die Website und die App stellen auch Reisetipps und Informationen zu Zielen sowie Kundensupport über Live-Chat, Hotlines, E-Mail und FAQs bereit. Notfallinformationen sind ebenfalls verfügbar, einschließlich Kontaktdaten und Anweisungen für unvorhergesehene Ereignisse. Damit fallen die Website und die App der Airline A nach §1 Abs. 3 Nr. 2 BFSG in den Anwendungsbereich des BFSG. Die Anforderungen des BFSG müssen beachtet werden. Nicht erfasst wäre allerdings die App eines nur regional agierenden ÖPNV-Anbieters.

➪ BEISPIEL: APP FÜR REGIONALVERKEHRSDIENSTE

Das Unternehmen „RegioTravel" betreibt einen regionalen Verkehrsdienst und stellt seinen Kunden eine Verkehrs-App sowie eine Website zur Verfügung. Diese digitalen Dienste dienen der Anzeige von Fahrplänen und ermöglichen die elektronische Buchung von Tickets. Grundsätzlich fallen solche Dienste nach §1 Abs. 3 Nr. 2 BFSG unter den Anwendungsbereich des BFSG. Jedoch sieht das Gesetz in dieser Vorschrift zugleich eine Ausnahme vor, die speziell für regionale Verkehrsdienste gilt. Aufgrund dieser Ausnahme ist „RegioTravel" lediglich dazu verpflichtet, die Barrierefreiheit an interaktiven Selbstbedienungsterminals sicherzustellen, wie sie beispielsweise an Bahnstationen zu finden sind. Diese Verpflichtung erstreckt sich jedoch nicht auf die Verkehrs-App, auf die Website und auch nicht auf solche Selbstbedienungsterminals, die als integrierte Bestandteile in Straßenbahnen, Zügen oder Bussen eingebaut sind (§1 Abs. 3 Nr. 2 Buchstabe e BFSG).

c) Elektronische Tickets und elektronische Ticketdienste,
d) Die Bereitstellung von Informationen in Bezug auf den Verkehrsdienst, einschließlich Reiseinformationen in Echtzeit, bei Informationsbildschirmen allerdings nur dann, wenn es sich um interaktive Bildschirme im Hoheitsgebiet der Europäischen Union handelt,
e) Interaktive Selbstbedienungsterminals im Hoheitsgebiet der Europäischen Union, mit Ausnahme von Terminals, die als integrierte Bestandteile von Fahrzeugen, Luftfahrzeugen, Schiffen oder Schienenfahrzeugen eingebaut sind und für die Erbringung von solchen Personenbeförderungsdiensten verwendet werden.

- **Bankdienstleistungen** für **Verbraucher (Nr. 3),** unter anderem Kreditverträge sowie der Zugang zu Bankdienstleistungen, wie Selbstbedienungsterminals und Geldautomaten.

➪ BEISPIEL: SPENDENBUTTON

- Die Online-Enzyklopädie „W" wird von freiwilligen Autoren aus der ganzen Welt erstellt und gepflegt. Die Plattform zeichnet sich durch ihre offene Struktur aus, bei der Nutzende Inhalte erstellen, bearbeiten und aktualisieren können. Websites, auf denen Produkte oder Dienstleistungen präsentiert werden, oder Blogs, die keine entgeltlichen Transaktionen für Produkte oder entsprechende Dienstleistungen ermöglichen, fallen nicht in den Anwendungsbereich des BFSG. Damit eine Website als „Dienstleistung im elektronischen Geschäftsverkehr" im Sinne der Definition erfasst wird, ist es erforderlich, dass nicht nur Angebote präsentiert werden, sondern auch die Möglichkeit besteht, Buchungen oder Zahlungen vorzunehmen.
- Finanziert wird die Online-Enzyklopädie „W" über Spenden, weshalb auf der Website ein Spendenbutton eingebunden ist, der wiederum mit einem externen Zahlungsanbieter verbunden ist. Die Einbindung dieses Spendenbuttons fällt unter §1 Abs. 3 Nr. 3 BFSG und stellt eine Bankdienstleistung für Verbraucher dar. Nach den Bestimmungen des BFSG muss die gesamte Website barrierefrei gestaltet werden.

- **E-Books** und hierfür bestimmte Software **(Nr. 4).**
- Dienstleistungen im **elektronischen Geschäftsverkehr (Nr. 5).**
  - **E-Commerce** von Produkten und Dienstleistungen, die Bestandteil eines Verbrauchervertrages werden sollen.

BEISPIEL: WEBSITE B2C (E-COMMERCE)

Die Firma K betreibt einen Onlineshop für Kugelschreiber. Kugelschreiber gehören nicht zu den in § 1 Abs. 2 BFSG aufgezählten Produkten, für die die Barrierefreiheitsanforderungen unmittelbar gelten. Allerdings erfolgen über die Website von der Firma K „Dienstleistungen im elektronischen Geschäftsverkehr" (§ 1 Abs. 3 Nr. 5 BFSG). Elektronischer Geschäftsverkehr bezieht sich generell auf den Kauf oder Verkauf von Waren oder Dienstleistungen über das Internet. Es spielt dabei keine Rolle, ob die Lieferung oder Erbringung der Waren oder Dienstleistungen online oder offline erfolgt; entscheidend ist lediglich, dass die **Buchung oder der Kauf online** getätigt wird. Die vollständige Website der Firma K, einschließlich des Check-outs, muss somit nach den Barrierefreiheitsvorschriften des BFSG gestaltet sein. Zusätzlich müssen Websites ab 2025 auch eine „Erklärung zur Barrierefreiheit" anbieten, diese muss sowohl barrierefrei als auch barrierefrei zugänglich sein.

BEISPIEL: WEBSITE B2B (E-COMMERCE)

Die Firma B vertreibt über ihre Website Customer-Relationship-Management (CRM)-Software und andere Softwarelösungen, die sich an Unternehmen richten. Im BFSG ist explizit festgelegt, dass die Anforderungen in erster Linie für Produkte und Dienstleistungen gelten, die für Verbraucher angeboten werden. Das BFSG ist somit primär auf Online-Shops und Websites im B2C-Bereich ausgerichtet. Aus dem Angebot der Firma B ist eindeutig erkennbar, dass es sich ausschließlich an Unternehmen richtet; Verbraucher können das Angebot nicht nutzen. Deswegen gelten die Barrierefreiheitsanforderungen des BFSG nicht für den B2B-Online-Shop der Firma B. Sollte doch Vertragsschlüsse mit Verbrauchern geschlossen werden können, unterliegt das Angebot dem BFSG.

EXKURS: ONLINE-TERMINVEREINBARUNG IM GESUNDHEITSBEREICH

Arzt A bietet auf seiner Website eine Online-Terminvereinbarung für seine vorhandenen und potenziellen Patienten an. Diese Funktion wird über ein eingebundenes Tool eines Drittanbieters umgesetzt. So kann ein Patient aus den als verfügbar dargestellten Terminen auswählen, wann sein Arztbesuch stattfinden soll. Im Anschluss an die Terminbuchung erfolgt eine automatische Bestätigung per E-Mail oder SMS. Neben konkreten Terminbuchungen können auch allgemeine Anfragen direkt über die Website gesendet werden. Aufgrund dieser Kommunikationsleistungen betreibt A über seine Website „Dienstleistungen im elektronischen Geschäftsverkehr" (§ 1 Abs. 3 Nr. 5 BFSG). Um als „Dienstleistung im elektronischen Geschäftsverkehr" zu gelten, muss eine Website sowohl Angebote präsentieren als auch die Möglichkeit bieten, Buchungen oder Zahlungen durchzuführen. Daher unterliegt die gesamte Website des A den Barrierefreiheitsanforderungen des BFSG.

3 Erläuterung relevanter Begriffe

Für die Anwendung des BFSG ist es von entscheidender Bedeutung, die relevanten Begriffe und Konzepte einordnen zu können und zu verstehen. § 2 BFSG hält 41 gesetzliche Definitionen bereit, die für Rechtsklarheit sorgen sollen. Dieses Kapitel widmet sich daher der Erläuterung der wichtigsten Schlüsselbegriffe des BFSG.

Zu den **zentralen Begriffsbestimmungen** des Gesetzes, die man kennen sollte, zählen Folgende:

Barrierefreiheit: Die **Barrierefreiheit** selbst ist in **§ 3 BFSG** und im Behindertengleichstellungsgesetz (BGG) geregelt. Barrierefreiheit ist die Zugänglichkeit von Produkten, Dienstleistungen und Informationssystemen für Menschen mit Behinderungen. Das BGG verpflichtet den Staat und private Unternehmen, ihre Angebote und Dienstleistungen barrierefrei zugänglich zu machen. Es wird durch das spezifische BFSG spezifiziert. Zu den von § 2 BFSG definierten Begriffen zählen etwa die Begriffe:

Menschen mit Behinderungen (§ 2 Nr. 1 BFSG): Die Begrifflichkeit „Menschen mit Behinderungen" ist in § 1 Nr. 1 BFSG legaldefiniert und beruht auf der Definition des Art. 1 S. 2 der UN-Behindertenrechtskonvention (UN-BRK). Er entspricht wörtlich der in § 3 BGG (Behindertengleichstellungsgesetz) genutzten Begriffsbestimmung (BT-Drs. 19/28653, S. 68). Es kommt auf eine langfristige nennenswerte Benachteiligung an.

Produkte (§ 2 Nr. 2 BFSG): Produkte sind Waren, die auf dem Markt angeboten werden. Produkte können physische oder digitale Güter sein. Physische Güter sind materielle Gegenstände, die man anfassen kann, wie zum Beispiel Elektronikartikel. Digitale Güter sind nicht-materielle Güter, die man nicht anfassen kann, wie zum Beispiel Software. Ausgenommen sind etwa Lebens- und Futtermittel.

Dienstleistungen (§ 2 Nr. 3 BFSG): Dienstleistungen sind selbstständige Tätigkeiten, die von Unternehmen in der Regel gegen Entgelt erbracht werden. Als Dienstleistungen gelten insbesondere gewerbliche Tätigkeiten, kaufmännische Tätigkeiten, handwerkliche Tätigkeiten und freiberufliche Tätigkeiten (Art. 57 AEV, abrufbar unter https://eur-lex.europa.eu/LexUriServ/LexUriServ.do?uri=CELEX:12012E/TXT:de:PDF). Im elektronischen Geschäftsverkehr (nach § 1 Abs. 3 Nr. 5 vom BFSG erfasst) erfolgen Dienstleistungen allgemein durch den Online-Kauf oder die Buchung von Waren oder Dienstleistungen über das Internet. Die physische Auslieferung/Erbringung kann sowohl online als auch offline erfolgen, solange die Transaktion selbst online getätigt wird.

Dienstleistungserbringer (§ 2 Nr. 4 BFSG): Dienstleistungserbringer ist jede natürliche oder juristische Person, die eine Dienstleistung für Verbraucher erbringt oder anbietet, eine solche Dienstleistung zu erbringen.

Hersteller (§ 2 Nr. 11 BFSG): Hersteller ist jede natürliche oder juristische Person, die Produkte herstellt oder entwickeln oder herstellen lässt und dieses Produkt unter ihrem eigenen Namen oder ihrer eigenen Marke vermarktet.

Einführer (§ 2 Nr. 13 BFSG): Einführer ist jede natürliche oder juristische Person, die Produkte aus dem Ausland in den deutschen Markt einführt oder die Einfuhr veranlasst.

Händler (§ 2 Nr. 14 BFSG): Händler ist jede natürliche oder juristische Person, die Produkte kauft und verkauft. Händler können in unterschiedlichen Formen auftreten, zum Beispiel als Einzelhändler, Großhändler oder Online-Händler.

4 Ausnahmetatbestände

*Das BFSG enthält **Ausnahmetatbestände** in Bezug auf die Einhaltung der Barrierefreiheitsanforderungen für Produkte und Dienstleistungen. Daher kann es unter Umständen sein, dass Wirtschaftsakteure in bestimmten Situationen die Barrierefreiheitsanforderungen nach dem BFSG und der BFSGV nicht erfüllen müssen, sondern sich auf einen Ausnahmetatbestand berufen können.*

*Es ist wichtig zu beachten, dass diese Ausnahmen nur unter **strengen Voraussetzungen** gelten. Das gilt für die nachfolgenden Fälle.*

__§ 3 Abs. 3 BFSG:__ Ausnahme für __Kleinstunternehmen__ (§ 2 Nr. 17 BFSG), die Dienstleistungen erbringen

__§ 16 BFSG__: Geltung der Anforderungen der BFSGV nur insoweit, als dadurch __keine wesentliche Veränderung__ des Produkts oder der Dienstleistung erfolgt,

__§ 17 BFSG (Anlage 4):__ Geltung der Barrierefreiheitsanforderungen des BFSG nur insoweit, als deren Einhaltung nicht zu einer __unverhältnismäßigen Belastung__ führt.

1. Keine wesentliche Veränderung (§ 16 BFSG)

Die Anforderungen nach der BFSGV gelten nach § 16 BFSG nur insoweit, als deren Einhaltung keine **wesentliche Änderung** der Produkte oder Dienstleistungen erfordert, die wiederum zu einer **grundlegenden Veränderung der Wesensmerkmale** der Produkte oder Dienstleistungen führt. Die Barrierefreiheit soll also Produkte und Dienstleistungen nicht „verschlimmbessern" und sich übergeordneten Sachgründen beugen. Eine nachteilige Veränderung kann etwa durch die deutliche Veränderung der Funktionsweise, der Sicherheit oder der Qualität des Produkts oder der Dienstleistung erfolgen. Damit sich ein Wirtschaftsakteur nicht leichtfertig den Anforderungen des BFSG entziehen kann, sind daran strenge Voraussetzungen geknüpft. Die Prüfung der grundlegenden Veränderung erfolgt zwar durch den Wirtschaftsakteur selbst, ist aber dokumentieren und die Dokumentation ist für einen Zeitraum von fünf Jahren aufzubewahren. Auf Verlangen der Marktüberwachungsbehörde muss der Wirtschaftsakteur der Marktüberwachungsbehörde eine Kopie der Dokumentation vorlegen.

⇨ BEISPIEL: AUSNAHME DES § 16 BFSG

Unternehmen M entwickelt und produziert spezielle Mobiltelefone, die neben den üblichen Funktionen auch hochanspruchsvolle Aufgaben wie 3D-Modellierung bewältigen können. Dabei handelt es sich nach § 1 Abs. 2 Nr. 3 BFSG um „Verbraucherendgeräte für Telekommunikationsdienste" und die Mobiltelefone sind vom Anwendungsbereich des BFSG umfasst. Die Notwendigkeit eine effektive drahtlose Verbindung zu Hörhilfetechnologie sicherzustellen (siehe § 9 Nr. 4 BFSGV), würde jedoch die Leistungsfähigkeit des Mobiltelefons in Bezug auf komplexe Aufgaben erheblich einschränken. Die Einhaltung dieser Anforderung könnte demnach zu einer wesentlichen Veränderung führen, die die effiziente Nutzung bestimmter leistungsstarker Anwendungen oder Funktionen behindert und somit den beabsichtigten Zweck des Mobiltelefons für anspruchsvolle Aufgaben beeinträchtigt. Daher könnte in einem solchen Fall die Ausnahme nach § 16 BFSG geltend gemacht werden. Für Unternehmen M ist es erforderlich, die Prüfung der wesentlichen Veränderung selbst durchzuführen und entsprechend zu dokumentieren.

2. Unverhältnismäßige Belastung nach § 17 BFSG (Anlage 4)

Wenn und insoweit ein Unternehmen nachweisen kann, dass die Barrierefreiheit eines Produkts oder einer Dienstleistung eine **unverhältnismäßige Belastung** für das Unternehmen darstellen würde, ist das Unternehmen nach § 17 Abs. 1 BFSG insoweit von den Barrierefreiheitsanforderungen des BFSG befreit. Auch ob dies der Fall ist, beurteilt und dokumentiert der Wirtschaftsakteur selbst (§ 17 Abs. 1 S. 2 BFSG) und er muss die Dokumentation für fünf Jahre aufbewahren (§ 17 Abs. 2 BFSG). Für die Beurteilung einer unverhältnismäßigen Belastung ist die Anlage 4 des BFSG hinzuzuziehen.

→ HINWEIS

Durch die Formulierung *insoweit* macht der Gesetzgeber deutlich, dass Wirtschaftsakteure explizit erklären und dokumentieren müssen, in welchem Umfang sie unverhältnismäßig belastet sind. So kann es sein, dass die in Anhang 4 angesprochene Belastung zwar mit Blick auf einmalige Organisationskosten besteht, nicht aber auch die laufenden Kosten. Bei der Begründung und der Dokumentation ist also darauf zu achten, dass alle Anforderungen der Anlage 4 beachtet werden.

Die Frist beginnt mit der letzten Bereitstellung eines Produkts beziehungsweise der letzten Erbringung der Dienstleistung. Auf Verlangen der Marktüberwachungsbehörde muss der Wirtschaftsakteur eine Kopie seiner Beurteilung vorlegen. **Kleinstunternehmen** müssen lediglich die maßgeblichen Fakten mitteilen. Wurden öffentliche oder private Mittel zur Verbesserung der Barrierefreiheit bezogen, ist eine Berufung auf die Ausnahmevorschrift ausgeschlossen (§ 17 Abs. 4 BFSG).

→ **HINWEIS**

Im Rahmen der erforderlichen Überprüfung bestehen besondere Anforderungen für den Anbieter von **Dienstleistungen.** Wenn der Anbieter geltend macht, dass die Einhaltung der Barrierefreiheitsanforderungen eine unverhältnismäßige Belastung darstellt, muss er diese Bewertung nicht nur zu Beginn, sondern auch in **regelmäßigen Abständen** von mindestens fünf Jahren durchführen. Zusätzlich dazu muss der Anbieter eine **erneute Überprüfung** vornehmen, wenn er seine Dienstleistung ändert oder auf Anforderung der Marktüberwachungsbehörde.

BEISPIEL: AUSNAHME DES § 17 BFSG (ANLAGE 4)

Unternehmen C produziert E-Book-Lesegeräte. Diese fallen nach § 1 Abs. 2 Nr. 5 BFSG in den Anwendungsbereich des BFSG und die Barrierefreiheitsanforderungen müssen eingehalten werden. Nach § 8 BFSGV sind E-Book-Lesegeräte mit einer Sprachausgabe auszustatten. C ist der Meinung, dass diese Anforderungen jedoch zu einer unverhältnismäßigen Belastung im Sinne des § 17 BFSG in Verbindung mit Anlage 4 führen. Nach sorgfältiger Prüfung unter Einbeziehung der Kriterien in Anlage 4 könnte Unternehmen C zu dem Schluss gelangen, dass insbesondere die Integration der Sprachausgabe für E-Book-Lesegeräte, eine unverhältnismäßige Belastung darstellen würde. Dies resultiert vor allem aus den erheblichen Kosten im Vergleich zu den Gesamtkosten, dem Nettoumsatz und den geschätzten Vorteilen für Menschen mit Behinderungen. In einem solchen Szenario könnte Unternehmen C die Ausnahme nach § 17 BFSG geltend machen, die Unverhältnismäßigkeit der Belastung dokumentieren und *insoweit* von den spezifischen Barrierefreiheitsanforderungen befreit werden.

⚠ **ACHTUNG**

Wenn ein Wirtschaftsakteur einen der beiden Ausnahmefälle in Anspruch nimmt, muss er die zuständige Marktüberwachungsbehörde unverzüglich darüber informieren. Darüber hinaus muss er auch die Marktüberwachungsbehörden in den Mitgliedstaaten benachrichtigen, in denen er seine Produkte auf den Markt bringt oder seine Dienstleistungen erbringt.

Es ist zu beachten, dass Kleinstunternehmen, die Produkte herstellen, von diesen Verpflichtungen ausgenommen sind.

3. Ausnahme für Kleinstunternehmen bei Dienstleistungen

§ 3 Abs. 3 BFSG normiert für **Kleinstunternehmen,** die Dienstleistungen anbieten oder erbringen, eine generelle Ausnahme von den Pflichten zur Barrierefreiheit nach § 3 Abs. 1 BFSG. Das Bundesministerium für Arbeit und Soziales erstellt in Abstimmung mit dem Bundesministerium für Wirtschaft und Energie Richtlinien für Kleinstunternehmen, um ihnen die Umsetzung des Gesetzes zu erleichtern.

BEISPIEL: AUSNAHME DES § 3 ABS. 3 BFSG

Unternehmen K verkauft über seinen Online-Shop handgefertigte Kunstwerke. Dabei handelt es sich nach § 1 Abs. 3 Nr. 5 BFSG um eine Dienstleistung im elektronischen Rechtsverkehr (E-Commerce) und der gesamte Online-Shop unterfällt grundsätzlich den Barrierefreiheitsanforderungen. K qualifiziert sich jedoch nach § 3 Abs. 3 BFSG als Kleinstunternehmen (§ 2 Nr. 17 BFSG), da es weniger als zehn Mitarbeiter beschäftigt und einen Jahresumsatz von weniger als 2 Millionen EUR erzielt. Demzufolge muss das Kleinstunternehmen trotz seiner Online-Dienstleistungen keine spezifischen Anpassungen für Barrierefreiheit vornehmen. Solange K die Kriterien für Kleinstunternehmen nach § 3 Abs. 3 BFSG erfüllt, kann es sich von den Verpflichtungen des Barrierefreiheitsgesetzes befreien.

Überblick über die Ausnahmetatbestände im BFSG

§ 16 BFSG	§ 17 BFSG in Verbindung mit Anlage 4	§ 3 Abs. 3 BFSG
Ausnahme gilt, wenn Anforderungen zu **grundlegender Veränderung** führen.	Ausnahme gilt nur bei **unverhältnismäßiger Belastung** durch die Anforderungen.	**Kleinstunternehmen,** die **Dienstleistungen** erbringen.
• Produkt oder Dienstleistung ist grundsätzlich vom Anwendungsbereich des BFSG erfasst • Grundlegende Veränderung beeinträchtigt Funktion, Sicherheit oder Qualität wesentlich. • Wirtschaftsakteur prüft, ob Anforderungen zur grundlegenden Veränderung führen. • Bei positivem Ergebnis meldet Wirtschaftsakteur dies umgehend an Marktüberwachungsbehörden • Wirtschaftsakteur dokumentiert Prüfung der grundlegenden Veränderung. • Dokumentation 5 Jahre aufbewahren. • Marktüberwachungsbehörde kann Kopie der Dokumentation verlangen.	• Produkt oder Dienstleistung ist grundsätzlich vom Anwendungsbereich des BFSG erfasst • Unternehmen nimmt die Beurteilung selbst vor (unter Berücksichtigung der Kriterien in Anlage 4). • Bei Nachweis, dass Barrierefreiheit unverhältnismäßig belastet, kann Unternehmen vom BFSG befreit werden. • Wirtschaftsakteur dokumentiert Prüfung der grundlegenden Veränderung. • Dokumentation 5 Jahre aufbewahren. • Marktüberwachungsbehörde kann Kopie der Dokumentation verlangen.	• Kleinstunternehmen, die Dienstleistungen anbieten oder erbringen, sind von Absatz 1 und somit von der Erfüllung der Barrierefreiheitsanforderungen ausgenommen. • Das Bundesministerium für Arbeit und Soziales erstellt in Abstimmung mit dem Bundesministerium für Wirtschaft und Energie Richtlinien für Kleinstunternehmen, um ihnen die Umsetzung dieses Gesetzes zu erleichtern und darf Dritte hinzuziehen, um die Richtlinien nach Satz 2 zu erstellen.

→ **HINWEIS**

Um einen zu hohen Bürokratieaufwand zu ersparen, gilt die Dokumentationspflicht nicht für Kleinstunternehmen, die mit Produkten befasst sind.

4. Beratungsangebot für Kleinstunternehmen (§ 15 BFSG)

Zur Erleichterung der Anwendung des Barrierefreiheitsstärkungsgesetzes, bietet die Bundesfachstelle Barrierefreiheit (https://www.bundesfachstelle-barrierefreiheit.de/) eine Beratung für Kleinstunternehmen an.

→ **HINWEIS**

Die **Definition** eines **Kleinstunternehmens** ergibt sich aus § 2 Nr. 17 BFSG. Demnach sind Kleinstunternehmen Unternehmen, die weniger als zehn Personen beschäftigen und entweder einen Jahresumsatz von höchstens 2 Millionen EUR erzielen oder deren Jahresbilanzsumme sich auf höchstens 2 Millionen EUR beläuft.
Das bedeutet: Ein Unternehmen, das zehn Personen oder mehr beschäftigt, ist kein Kleinstunternehmen! Dasselbe gilt für ein Unternehmen, das einen Jahresumsatz von mehr als 2 Millionen EUR erzielt oder dessen Jahresbilanzsummer sich auf mehr als 2 Millionen EUR beläuft.

5 Pflichten der Wirtschafts-akteure

Die Anforderungen an die Barrierefreiheit von Produkten und Dienstleistungen müssen von den einzelnen Wirtschaftakteuren erfüllt werden. Dazu zählen nach ***§ 2 Nr. 15 BFSG*** *Hersteller, Bevollmächtigter, Einführer, Händler und Dienstleistungserbringer. Die Pflichten nach §§ 6 bis 13 BFSG beziehen sich auf Produkte, die nach § 14 BFSG auf Dienstleistungen.*

1. Pflichten bei Produkten (§§ 7–13 BFSG)

Im Falle von Produkten enthält das Gesetz Pflichten für Wirtschaftsakteure in Gestalt von Herstellern, Bevollmächtigten, Einführern und Händlern.

a) Pflichten des Herstellers (§§ 6, 7 BFSG)

aa) § 6 BFSG – Allgemeine Pflichten

Nach § 6 Abs. 1 Nr. 1 BFSG hat der Hersteller eines Produkts sicherzustellen, dass dieses barrierefrei ist. Dies bedeutet, dass das Produkt für Menschen mit Behinderungen zugänglich sein muss und dementsprechend die Anforderungen der BFSGV, wie zum Beispiel eine barrierefreie Bedienung, eine barrierefreie Informationsdarstellung und eine barrierefreie Kommunikation, erfüllen muss. Der Hersteller muss nach § 6 Abs. 1 Nr. 2 Alternative 2 BFSG ein **Konformitätsbewertungsverfahren** durchlaufen und nach § 6 Abs. 1 Nr. 3 BFSG eine EU-**Konformitätserklärung** nach § 18 BFSG ausstellen.

Was ein Konformitätsbewertungsverfahren für Produkte ist und wie es sich vollzieht ergibt sich **aus Anlage 2 zum BFSG**.

Zudem gehört es zu den Pflichten des Herstellers nach § 6 Abs. 1 Nr. 4 BFSG die **CE-Kennzeichnung** (§ 2 Nr. 21 BFSG) nach § 19 BFSG an dem jeweiligen Produkt anbringen, mit der er erklärt, dass das Produkt den geltenden Anforderungen an der EU genügt. Außerdem besteht nach § 6 Abs. 1 Nr. 2 BFSG eine **technische Dokumentationspflicht** für den Hersteller. Der Hersteller muss diese technische Dokumentation für einen Zeitraum von **5 Jahren** (§ 6 Abs. 2 BFSG) aufbewahren. Das kann entweder in schriftlicher Form oder elektronisch geschehen.

Nach § 6 Abs. 3 BFSG hat der Hersteller auch bei Serienanfertigungen dieselbe Sorgfalt walten zu lassen.

> ⚠ ACHTUNG
>
> **Erhält der Hersteller Hinweise darauf, dass das von ihm in Verkehr gebrachte Produkt die gesetzlichen Barrierefreiheitsanforderungen nicht korrekt umsetzt, muss er unverzüglich tätig werden: So muss er die nötigen Korrekturmaßnahmen treffen, um Konformität herzustellen, oder – sollte dies nicht möglich sein – das Produkt zurücknehmen oder zurückrufen (§ 6 Abs. 4 BFSG). Außerdem ist er verpflichtet, unverzüglich die Marktüberwachungsbehörde sowie die Marktüberwachungsbehörden der Mitgliedstaaten der Europäischen Union, in denen er das Produkt in Verkehr gebracht hat, zu informieren (§ 6 Abs. 4 BFSG).**

Was ist die technische Dokumentationspflicht im Konformitätsbewertungsverfahren für Produkte? (Anlage 2)

Die technische Dokumentation hat die Aufgabe zu zeigen, ob das Produkt den Anforderungen für Barrierefreiheit entspricht, wie sie im BFSG und seiner Rechtsverordnung, der BFSGV, festgelegt sind. In dieser Dokumentation müssen mindestens **zwei Elemente** enthalten sein:

- **Detaillierte Produktbeschreibung:** Dort wird genau erklärt, um welches Produkt es geht und wie es funktioniert.
- **Liste der verwendeten Standards:** Wenn der Hersteller bestimmte Standards und Vorschriften genutzt hat, um das Produkt barrierefrei zu machen, müssen diese hier aufgelistet werden. Diese Standards wurden bereits im Amtsblatt der Europäischen Union veröffentlicht.

Wenn der Hersteller bei bestimmten Punkten im Produkt **keine vorgegebenen Standards genutzt** hat, um Barrierefreiheit zu gewährleisten, muss er erklären, wie er stattdessen sicherstellt, dass das Produkt trotzdem barrierefrei ist.

Überblick: Technische Dokumentation des Herstellers (Anlage 2)

Zweck der Dokumentation	Anhand der technischen Dokumentation muss es möglich sein, die Konformität des Produkts mit BFSG und BFSGV zu bewerten und, wenn sich der Hersteller auf §§16 oder 17 BFSG gestützt hat, nachzuweisen, dass die Einhaltung dieser Barrierefreiheitsanforderungen eine grundlegende Veränderung oder eine unverhältnismäßige Belastung bedeuten würden.
Inhalt	• allgemeine Beschreibung des Produkts • soweit harmonisierten Normen und technischen Spezifikationen angewandt wurden: Aufstellung; andernfalls Beschreibung der alternativen Lösungen zur Erfüllung der Barrierefreiheitsanforderungen.
Aufbewahrung	Hersteller muss die Dokumentation für 5 Jahre aufbewahren, schriftlich oder elektronisch (§6 Abs. 2 BFSG).

⚠ ACHTUNG

Eine weitere Pflicht des Herstellers ergibt sich aus §6 Abs. 5 BFSG: Demnach führt der Hersteller schriftlich oder elektronisch ein Verzeichnis derjenigen Produkte, über deren Nichtkonformität mit den geltenden Barrierefreiheitsanforderungen er die Marktüberwachungsbehörden informiert hat, und der diesbezüglichen Beschwerden.

bb) §7 BFSG – Spezielle Pflichten zur Kennzeichnung und Information

§7 BFSG enthält darüber hinaus besondere Kennzeichnungs- und Informationspflichten für Hersteller. Der Hersteller hat danach zur Identifizierung des Produkts eine Kennzeichnung anzubringen. (§7 Abs. 1 BFSG), zum Beispiel Typen-, Chargen-, Seriennummer oder anderes Kennzeichen (falls dies aufgrund der Größe nicht möglich ist, muss dafür Sorge getragen werden, dass die zur Identifikation erforderlichen Informationen auf der Verpackung oder in einer dem Produkt beigefügten Unterlage angegeben werden)

- **Informationen zur Identifizierung des Herstellers (§7 Abs. 2 BFSG),** Firma, Name oder Marke sowie Postanschrift sind auf dem Produkt anzubringen (in leicht verständlicher Sprache),
- **Gebrauchsanleitung und Sicherheitsinformationen (§7 Abs. 3 BFSG)** in deutscher Sprache,
- Alle Informationen und Kennzeichnungen müssen den Anforderungen der BFSGV entsprechen und somit **klar, verständlich und deutlich** sein **(§7 Abs. 4 BFSG),**
- Der Hersteller muss der Marktüberwachungsbehörde auf deren begründetes Verlangen hin alle **Auskünfte erteilen und Unterlagen aushändigen (§7 Abs. 5 BFSG).**

cc) §18 BFSG – Konformitätserklärung für Produkte

§18 BFSG in Verbindung mit der **Anlage 2 (Konformitätsbewertungsverfahren für Produkte)** schreibt vor, dass **Hersteller von Produkten,** die den Anforderungen des BFSG unterliegen, eine EU-Konformitätserklärung ausstellen müssen. Die EU-Konformitätserklärung ist ein Nachweis dafür, dass das Produkt die Anforderungen des BFSG erfüllt und sie darf nur dann ausgestellt werden, wenn das Produkt auch tatsächlich den Anforderungen entspricht. Sie wird von dem Hersteller oder einem von ihm Bevollmächtigten ausgestellt. Die EU-Konformitätserklärung muss zusammen mit dem Produkt mitgeführt werden und auf Verlangen den zuständigen Behörden vorgelegt werden können. Vor Ausstellung einer solchen EU-Konformitätserklärung muss der Hersteller ein **Konformitätsverfahren** für Produkte nach **§18 BFSG in Verbindung mit Anlage 2** durchführen.

→ HINWEIS

Bei Importprodukten muss der Einführer sicherstellen, dass die EU-Konformitätserklärung dem Produkt beim Versand beiliegt, (§12 BFSG).

dd) §19 BFSG – CE-Kennzeichnung

§19 BFSG schreibt vor, dass Hersteller von Produkten, die den Anforderungen des BFSG unterliegen, ihre Produkte mit der **CE-Kennzeichnung** versehen müssen. Der Begriff „CE"-Kennzeichnung steht für „Conformité Européenne", was „Europäische Konformität" bedeutet. Die CE-Kennzeichnung ist ein wichtiges Zeichen für Sicherheit und Qualität. Sie hilft Verbrauchern dabei, sichere Produkte zu erkennen und gleichzeitig sich vor unsicheren Produkten zu schützen. Die CE-Kennzeichnung muss deutlich **sichtbar,** gut **lesbar** und **unzerstörbar** auf dem Produkt angebracht werden. Falls die Art des Produkts dies nicht zulässt oder nicht rechtfertigt, wird die CE-Kennzeichnung auf der Verpackung und den Begleitunterlagen angebracht (§ 19 Abs. 2 BFSG). Das Logo muss aus den Buchstaben „CE“ bestehen, die beide dieselbe Höhe (mindestens 5 mm, sofern in den entsprechenden Produktvorschriften nicht anders angegeben) und dieselben Proportionen aufweisen müssen (https://europa.eu/youreurope/business/product-requirements/labels-markings/ce-marking/index_de.htm#:~:text=Das%20CE%2DZeichen%20ist%20ein,in%20oder%20EU%20vermarktet%20werden). Die CE-Kennzeichnung ist somit unter anderem ein Nachweis dafür, dass das Produkt die Anforderungen des BFSG in Verbindung mit der BFSGV erfüllt und sie darf nur dann angebracht werden, wenn das Produkt auch tatsächlich den Anforderungen entspricht.

→ **HINWEIS**

> Nach § 19 Abs. 3 BFSG gelten für die CE-Kennzeichnung die allgemeinen Grundsätze nach Art. 30 Verordnung (EG) Nr. 765/2008 des Europäischen Parlaments und des Rates vom 9. Juli 2008 über die Vorschriften für die Akkreditierung und Marktüberwachung im Zusammenhang mit der Vermarktung von Produkten und zur Aufhebung der Verordnung (EWG) Nr. 339/93 des Rates (abrufbar unter: https://eur-lex.europag.eu/legal-content/DE/TXT/?uri=celex%3A32008R0765).

Verstößt ein Hersteller gegen die Verpflichtung zur Kennzeichnung seiner Produkte mit der CE-Kennzeichnung, kann er mit einem Bußgeld belegt werden (§ 37 Abs. 1 Nr. 9 und 10 BFSG). Die Höhe des Bußgeldes kann in diesen Fällen **bis zu 100.000 EUR** betragen.

Checkliste für den Hersteller

- ☐ Das Produkt entspricht den Barrierefreiheitsanforderungen nach der BFSGV.
- ☐ Die technische Dokumentation liegt vor.
- ☐ Das Konformitätsbewertungsverfahren nach Anlage 2 wurde durchgeführt.
- ☐ Die EU-Konformitätserklärung wurde ausgestellt.
- ☐ Die CE-Kennzeichnung wurde angebracht.
- ☐ Das Kennzeichen zur Identifikation wurde angebracht (§ 7 BFSG).
- ☐ Informationen über den Hersteller wurden angebracht.
- ☐ Gebrauchsanleitung und Sicherheitsinformationen wurden beigefügt (in deutscher Sprache).
- ☐ Alle Kennzeichnungen und Sicherheitsinformationen sind klar, verständlich und deutlich.

→ **HINWEIS**

> Informationen über die Nutzung eines Produkts (beispielsweise die Gebrauchsanleitung) müssen über mehr als einen sensorischen Kanal (etwa schriftlich und per Sprachausgabe) verfügbar sein. Sie müssen so dargestellt werden, dass sie wahrgenommen werden können (ausreichend große Schrift etc.).

b) Pflichten des Einführers (§§ 9 und 10 BFSG)

→ **HINWEIS ZU § 12 BFSG**

> **Einführer** oder **Händler,** die ein Produkt unter ihrem eigenen Namen oder ihrer eigenen Marke in den Verkehr bringen oder ein bereits in den Verkehr gebrachtes Produkt so verändern, dass dessen Konformität mit den Anforderungen der BFSGV beeinträchtigt werden kann, unterliegen nach § 12 BFSG **denselben Pflichten wie der Hersteller eines Produkts.** Dies bedeutet, dass Einführer und Händler auch für die Barrierefreiheit ihrer Produkte verantwortlich sind. Sie müssen sicherstellen, dass ihre Produkte für Menschen mit Behinderungen zugänglich sind. Dazu müssen sie unter anderem sicherstellen, dass ihre Produkte leicht bedienbar und verständlich sind, dass sie mit verschiedenen Eingabe- und Ausgabemöglichkeiten kompatibel sind und dass sie Informationen in verschiedenen Formaten zur Verfügung stellen. Einführer oder Händler, die ihren Pflichten nicht nachkommen, können von den zuständigen Behörden mit Bußgeldern (§ 37 BFSG) belegt werden.

aa) § 9 BFSG – Allgemeine Pflichten

§ 9 BFSG enthält einige **Pflichten für Einführer von Produkten,** die in den Anwendungsbereich des BFSG fallen. Grundsätzlich ist ein Inverkehrbringen von Produkten bei Nichterfüllung der Barrierefreiheitsanforderungen untersagt.

bb) § 10 BFSG – Spezielle Pflichten

Einführer unterliegen dabei denselben **Kennzeichnungs- und Informationspflichten wie Hersteller (§ 10 BFSG).** Außerdem müssen sie sicherstellen, dass das Produkt mit der Konformitätserklärung übereinstimmt. Einführer sind verpflichtet, sich vom Hersteller oder, wenn dies nicht möglich ist, von seinem Bevollmächtigten eine Kopie der Konformitätserklärung zu beschaffen und diese für die Dauer von fünf Jahren aufzubewahren und auf Verlangen der zuständigen Behörden alle Unterlagen vorzulegen. Befindet sich das Produkt im Verantwortungsbereich des Einführers, muss dieser auch sicherstellen, dass die Lagerungs- und Transportbedingungen mit der BFSGV übereinstimmen (§ 9 Abs. 4 BFSG).

Checkliste für Einführer

- ☐ Die Produkte entsprechen den Barrierefreiheitsanforderungen nach der BFSGV.
- ☐ Der Hersteller hat das Konformitätsbewertungsverfahren nach der Anlage 2 durchgeführt.
- ☐ Der Hersteller hat die erforderlichen Unterlagen erstellt.
- ☐ Das Produkt ist mit der CE-Kennzeichnung versehen.
- ☐ Dem Produkt sind die Gebrauchsanleitung und etwaige Sicherheitshinweise beigefügt.
- ☐ Der Hersteller hat die Pflichten nach § 7 Abs. 1 und 2 erfüllt.
- ☐ Gegebenenfalls: Lagerungs- und Transportbedingungen stimmen mit der BFSGV überein.
- ☐ Eine Kopie der EU-Konformitätserklärung ist griffbereit.
- ☐ Informations- und Kennzeichnungspflichten nach § 10 Abs. 1 und 2 erfüllt:
  - ☐ Informationen über den Einführer wurden am Produkt angebracht.
  - ☐ Gebrauchsanleitung und Sicherheitsinformationen wurden beigefügt (in deutscher Sprache).

⚠ ACHTUNG

Verstößt ein Händler gegen seine Pflichten nach §§ 9, 10 BFSG, kann er von den zuständigen Behörden mit Bußgeldern in Höhe von bis zu 100.000 EUR (§ 37 Abs. 1 Nr. 1, 5 BFSG) belegt werden.

c) Pflichten des Händlers (§ 11 BFSG)

§ 11 BFSG enthält folgende **Pflichten für Händler** von Produkten, die in den Anwendungsbereich des BFSG fallen.

Ein Produkt darf durch den Händler nur in den Verkehr gebracht werden, sofern es den Barrierefreiheitsanforderungen entspricht. Daneben treffen den Händler dieselben Pflichten gegenüber Marktüberwachungsbehörden wie den Hersteller bzw. Einführer. Der Händler hat sich vor dem Inverkehrbringen eines Produkts von der Konformität des Produkts zu überzeugen. Befindet sich das Produkt im Verantwortungsbereich des Händlers, muss dieser auch sicherstellen, dass die Lagerungs- und Transportbedingungen mit der BFSGV übereinstimmen (§ 11 Abs. 3 BFSG).

Checkliste für Händler

- ☐ Das Produkt muss mit der CE-Kennzeichnung nach § 19 BFSG versehen sein.
- ☐ Dem Produkt müssen die Unterlagen nach § 7 Abs. 3 beigefügt sein.
- ☐ Der Hersteller muss seine Pflichten nach § 7 Abs. 1 und 2 erfüllt haben.
- ☐ Der Einführer muss seine Pflichten nach § 10 Abs. 1 und 2 erfüllt haben.
- ☐ Gegebenenfalls: Lagerungs- und Transportbedingungen stimmen mit der BFSGV überein.

→ **HINWEIS**

Hat der Händler Kenntnis oder zumindest den Grund zur Annahme darüber, dass ein **Produkt nicht den Anforderungen an die Barrierefreiheit** entspricht, so darf er dieses erst in den Verkehr bringen, sobald die Konformität des Produkts mit den Anforderungen hergestellt wurde. Darüber hinaus hat der Händler sowohl den Hersteller oder den Einführer als auch die Marktüberwachungsmethoden über die Nichtkonformität zu informieren (§ 11 Abs. 2 BFSG).

Verstößt ein Händler gegen seine Pflichten nach § 11 BFSG, kann er von den zuständigen Behörden mit **Bußgeldern** in Höhe von **bis zu 100.000 EUR** (§ 37 Abs. 1 Nr. 7 BFSG) belegt werden.

2. Pflichten bei Dienstleistungserbringung (§ 14 BFSG)

Die Pflichten des Dienstleistungserbringers nach dem Barrierefreiheitsstärkungsgesetz ergeben sich aus § 14 BFSG.

a) Pflichten des Dienstleistungserbringers

Demnach darf eine Dienstleistung nur angeboten oder erbracht werden, wenn sie den **Barrierefreiheitsanforderungen der BFSGV** gerecht wird. Außerdem muss der Dienstleistungserbringer die Informationen nach Anlage 3 Nr. 1 erstellt und für die Allgemeinheit barrierefrei zugänglich gemacht haben. Diese Informationen müssen vom Dienstleistungserbringer so lange aufbewahrt werden, wie die Dienstleistung erbracht wird.

⚠ **ACHTUNG**

Nimmt der Dienstleistungserbringer an, dass eine Nichtkonformität mit den Barrierefreiheitsanforderungen bestehen könnte, so unternimmt er unverzüglich Korrekturmaßnahmen (§ 14 Abs. 4 BFSG).

b) Checkliste für Dienstleistungserbringer

- Die Dienstleistung an sich muss im Sinne des BFSGV barrierefrei sein.
- Informationen über die Dienstleistung (Anlage 3 Nr. 1) wurden barrierefrei zugänglich gemacht.
- Die für die Erbringung der Dienstleistung eingesetzten Produkte müssen selbst barrierefrei sein.
- Der Dienstleister muss Informationen über die Barrierefreiheit seiner Dienstleistung bereitstellen und unter anderem die zuständige Marktüberwachungsbehörde nennen.
- Der Dienstleistungserbringer hat bei der Erbringung seiner Dienstleistung die erforderlichen Maßnahmen zu ergreifen, um die Barrierefreiheit herzustellen. Zudem muss er die Informationen nach Anlage 3 Nr. 1 erstellen und für die Allgemeinheit in barrierefreier Form zugänglich machen.
- Der Dienstleistungserbringer hat auf begründetes Verlangen der zuständigen Behörden Informationen über die Barrierefreiheit seiner Dienstleistung vorzulegen.

⚠ **ACHTUNG**

Verstößt ein Dienstleistungserbringer gegen seine Pflichten nach § 14 BFSG, kann er von den zuständigen Behörden mit Bußgeldern (§ 37 BFSG) belegt werden.

6 Auskunftspflichten von Wirtschaftsakteuren gegenüber Behörden (§§ 13, 35 BFSG)

Das BFSG enthält in §§ 13 und 35 BFSG spezielle Auskunftspflichten für Wirtschaftsakteure gegenüber den zuständigen Behörden.

§ 13 BFSG *verpflichtet Wirtschaftsakteure,* ***auf begründetes Verlangen von Behörden Auskunft*** *über die* ***Wirtschaftsakteure*** *zu erteilen, von denen er ein Produkt bezogen hat und an die er ein Produkt abgegeben hat. Diese Information ist mindestens 5 Jahre ab Bezug des Produkts oder der Abgabe des Produkts vorzulegen. Verstößt ein Wirtschaftsakteur gegen die Auskunftspflichten nach § 13 BFSG, kann die zuständige Behörde nach § 37 Abs. 1 Nr. 6 BFSG ein Bußgeld in Höhe von bis zu 10.000 EUR verhängen.*

§ 35 BFSG *verpflichtet Wirtschaftsakteure,* ***auf begründetes Verlangen von Behörden Auskunft*** *über die* ***Barrierefreiheit*** *ihrer Produkte oder Dienstleistungen zu geben. Die Auskunft muss alle relevanten Informationen enthalten, die es den Behörden ermöglichen, die Einhaltung des BFSG zu überprüfen. Verstößt ein Wirtschaftsakteur gegen die Auskunftspflichten § 35 BFSG, kann er von den zuständigen Behörden mit Bußgeldern belegt werden. Für den jeweiligen Wirtschaftsakteur besteht jedoch nach § 35 S. 2 BFSG ein* ***Auskunftsverweigerungsrecht,*** *wenn er sich mit der Auskunft im Hinblick auf ein straf- oder ordnungswidrigkeitenrechtliches Verfahren selbst belasten würde. Über dieses Verweigerungsrecht muss die Behörde ihn belehren.*

7 Zuständige Behörde und ihre Befugnisse

Für die Überwachung und Durchsetzung der Einhaltung der Barrierefreiheitsanforderungen an Produkte und Dienstleistungen sind grundsätzlich die ***Länder*** *im Rahmen der sogenannten* ***Marktüberwachung*** *zuständig.*

Unterstützung *erhalten die Bundesländer von der* ***Bundesanstalt für Arbeitsschutz und Arbeitsmedizin*** *(BAuA). Die BAuA übernimmt dabei die Koordinierung zwischen den einzelnen Bundesländern und die Kommunikation mit anderen EU-Mitgliedsstaaten sowie der Europäischen Kommission. Die Marktüberwachung ist ein wichtiger Bestandteil des Verbraucherschutzes. Sie trägt dazu bei, dass Verbraucher sicher sein können, dass die Produkte, die sie kaufen, den geltenden Anforderungen entsprechen und für Menschen mit Behinderungen zugänglich sind.*

Die Marktüberwachungsbehörden können ***Produkte*** *in Geschäften, auf Märkten und im Internet überprüfen und Stichproben durchführen. Sie können auch die jeweiligen Wirtschaftsakteure wie Hersteller, Einführer und Händler befragen und ihre Unterlagen anfordern.*

Zudem ist es die Aufgabe der Marktüberwachungsbehörden, ***Dienstleistungen*** *auf ihre Barrierefreiheit hin zu überprüfen und im Falle von Nichtkonformität die entsprechenden Maßnahmen einzuleiten.*

1. Aufgaben der Marktüberwachungsbehörden

Die Marktüberwachung von Produkten oder Dienstleistungen nach dem Barrierefreiheitsstärkungsgesetz umfasst die Überprüfung der Konformität der Produkte mit den Anforderungen des BFSG und der BFSGV. Die Marktüberwachungsbehörden können bei Verstößen gegen die geltenden Anforderungen Bußgelder verhängen oder andere Maßnahmen ergreifen, wie zum Beispiel das Verbot des Verkaufs oder die Rücknahme von Produkten vom Markt.

2. Marktüberwachung von Produkten

Die Marktüberwachung ist eine Tätigkeit der Behörden, die darauf abzielt, sicherzustellen, dass Produkte, die auf dem Markt angeboten werden, die geltenden Anforderungen erfüllen. In Deutschland wird die Marktüberwachung von den Ländern durchgeführt. Die Länder haben dafür eigene Marktüberwachungsbehörden, die die Produkte auf ihre Konformität mit den geltenden Anforderungen überprüfen.

Auf Anfrage der Marktüberwachungsbehörde muss der Hersteller alle Informationen bereitstellen und Unterlagen vorlegen, die belegen, dass sein Produkt den Barrierefreiheitsanforderungen entspricht. Diese Informationen und Unterlagen müssen in Deutsch oder einer für die Marktüberwachungsbehörde verständlichen Sprache sein. Die geeignete Sprache hängt vom konkreten Fall ab. Wenn die Marktüberwachungsbehörde es verlangt, muss der Hersteller bei allen Maßnahmen zur Wiederherstellung der Produktkonformität kooperieren. Er ist dazu verpflichtet, die Konformität des Produkts wiederherzustellen.

Die zuständige Marktüberwachungsbehörde kann sich verschiedener Marktüberwachungsmaßnahmen bei Verdacht auf Nichtkonformität eines Produkts bedienen (§§ 21, 22 BFSG).

- **Prüfung bei Verdacht auf Nichterfüllung:** Die Marktüberwachungsbehörde prüft, wenn sie Grund zu der Annahme hat, dass ein Produkt Barrierefreiheitsanforderungen nicht erfüllt. Wirtschaftsakteure müssen hier kooperieren.
- **Aufforderung zur Konformitätsherstellung:** Falls ein Produkt nach der Prüfung der Behörde und nach deren Überzeugung die Anforderungen nicht erfüllt, fordert die Marktüberwachungsbehörde den betreffenden Wirtschaftsakteur unverzüglich auf, innerhalb angemessener Frist geeignete Maßnahmen zur Konformitätsherstellung zu ergreifen.
- **Maßnahmen für alle betroffenen Produkte:** Der Wirtschaftsakteur muss sicherstellen, dass die Konformitätsmaßnahmen alle von ihm auf dem EU-Markt bereitgestellten betroffenen Produkte abdecken.
- **Behördliche Maßnahmen bei unzureichenden Schritten:** Falls der Wirtschaftsakteur keine oder keine geeigneten Maßnahmen zur Herstellung der Konformität mit den gesetzlichen Barrierefreiheitsanforderungen ergreift, muss die Marktüberwachungsbehörde Beschränkungen, Verbote, Rücknahmen oder Rückrufe des Produkts auf dem deutschen Markt anordnen.
- **Anhörung des betroffenen Wirtschaftsakteurs:** Für den Fall, dass die Marktaufsichtsbehörde zu dem Ergebnis gelangt, dass ein Produkt nicht den Barrierefreiheitsanforderungen entspricht, wird dem betroffenen Wirtschaftsakteur die Möglichkeit gegeben, sich zu äußern.
- **Geltung außerhalb Deutschlands:** Wenn die zuständige Marktüberwachungsbehörde davon ausgeht, dass die Nichtkonformität eines Produkts nicht auf Deutschland beschränkt ist, ergreift sie Maßnahmen, unter dem Vorbehalt eines möglichen Widerrufs, wenn die Europäische Kommission feststellt, dass die Maßnahmen ungerechtfertigt sind. Geschieht dies, so muss die nationale Behörde den ihre Maßnahme widerrufen und ist gehalten, sie an die Vorgabe der Kommission anzupassen.

a) Rechtsfolgen bei Nichtkonformität von Produkten mit den Barrierefreiheitsanforderungen (§ 22 BFSG)

Sofern die zuständige Marktüberwachungsbehörde Grund zur Annahme hat, dass ein Produkt nicht den Anforderungen entspricht, leitet sie eine Prüfung ein. Dabei sind die einzelnen Wirtschaftakteure verpflichtet, mit der entsprechenden Marktüberwachungsbehörde zusammenzuarbeiten (§ 22 Abs. 1 BFSG).

Im Falle der Nichtkonformität von Produkten mit den Barrierefreiheitsanforderungen wird der betroffene Wirtschaftsakteur von der Marktüberwachungsbehörde unverzüglich aufgefordert, innerhalb einer, von ihr gesetzten angemessenen, Frist die geeigneten Maßnahmen zu ergreifen.

Wird der Wirtschaftsakteur innerhalb der gesetzten Frist nicht tätig, so kann die Marktüberwachungsbehörde weitergehende Maßnahmen ergreifen und beispielsweise das Produkt zurückrufen (§ 22 Abs. 4 BFSG).

→ **HINWEIS**

Bei Nichtkonformität von Produkten, die sich nicht auf das deutsche Hoheitsgebiet beschränken, informiert die zuständige Marktüberwachungsbehörde die Bundesanstalt für Arbeitsschutz und Arbeitsmedizin (§ 24 BFSG).

b) Rechtsfolgen bei formaler Nichtkonformität von Produkten mit den Barrierefreiheitsanforderungen (§ 23 BFSG)

Für den Fall, dass die zuständige Marktüberwachungsbehörde feststellt, dass eine formale Nichtkonformität vorliegt, so fordert sie den Wirtschaftsakteur auf, die formale Nichtkonformität innerhalb einer angemessenen Frist zu beseitigen (§ 22 Abs. 2 S. 2 BFSG).

Eine formale Nichtkonformität von Produkten liegt vor, wenn

- die CE-Kennzeichnung nicht oder nicht unter Einhaltung der Vorgaben des § 19 BFSG angebracht wurde,
- die EU-Konformitätserklärung nach § 18 BFSG nicht oder nicht ordnungsgemäß ausgestellt wurde,
- die technischen Unterlagen nicht verfügbar oder nicht vollständig sind,
- die Angaben des Herstellers nach § 7 Abs. 2 BFSG oder des Einführers nach § 10 Abs. 1 BFSG fehlen, falsch oder unvollständig sind, oder
- eine andere formale Verpflichtung aus §§ 6, 7, 9 oder 10 BFSG nicht erfüllt ist.

Wird der entsprechende Wirtschaftsakteur nicht innerhalb der gesetzten Frist tätig, so kann die Marktüberwachungsbehörde weitere Maßnahmen ergreifen und beispielsweise ein Produkt vom Markt nehmen.

3. Marktüberwachung von Dienstleistungen

Neben der Marktüberwachung von Produkten steht eine entsprechende Überwachung von Dienstleistungen. Die Marktüberwachung von Dienstleistungen wird in Deutschland von den Ländern durchgeführt. Die Länder haben dafür eigene Marktüberwachungsbehörden, die die Dienstleistungen auf ihre Konformität mit den geltenden rechtlichen Anforderungen überprüfen.

Die Marktüberwachungsbehörden können bei Verstößen gegen die geltenden Anforderungen Bußgelder verhängen oder andere Maßnahmen ergreifen, wie zum Beispiel ein Verbot des Angebots von Dienstleistungen aussprechen.

a) Überblick über die Marktüberwachungsmethoden in Bezug auf Dienstleistungen

Überprüfung der Verfahrensschritte	• Alle Verfahrensschritte werden in typischer Nutzerreihenfolge überprüft. • Vermeidung nicht-digitaler Schritte.
Bewertung von Interaktionen und Elementen	• Bewertung von Formularen, Steuerelementen, Dialogfeldern, Dateneingabe-Bestätigungen, Fehlermeldungen, Benutzerfeedback. • Beurteilung des Verhaltens der Dienstleistung bei unterschiedlicher Software oder Hilfstechnologien. • Überprüfung von externen Interaktionsschritten außerhalb der Benutzeroberfläche, wenn sie für erfolgreiche Interaktion erforderlich sind.
Benutzerfreundlichkeitsprüfungen	• Analyse der Wahrnehmung, Verständnis und Schwierigkeiten von Menschen mit Behinderungen oder funktionalen Einschränkungen bei der Dienstleistungsnutzung. • Möglichkeiten zur Verbesserung der Benutzerfreundlichkeit.

Stichproben	• Untersuchung verschiedener Seiten/Bildschirme auf Website oder mobiler Anwendung. • Enthält relevante Seiten wie Startseite, Anmeldung, Site-Übersicht, Kontakt, Hilfeseiten, rechtliche Informationen sowie Seiten für verschiedene Dienstleistungen. • Prüfung von Barrierefreiheitsinformationen nach § 14 Abs. 1 Nr. 2 in Verbindung mit Anlage 3. • Auswahl von Seiten mit unterschiedlichem Erscheinungsbild oder Inhalten. • Zufällige Auswahl von weiteren Seiten/Dokumenten (mindestens 10 Prozent der vorherigen Probe) durch die Marktüberwachungsbehörde.

b) Rechtsfolgen bei Nichtkonformität von Dienstleistungen mit den Barrierefreiheitsanforderungen (§ 29 BFSG)

Die Maßnahmen der Marktüberwachungsbehörde bei Dienstleistungen, die nicht die Barrierefreiheitsanforderungen erfüllen, ergibt sich aus § 29 BFSG.

Wenn die Marktüberwachungsbehörde feststellt, dass eine Dienstleistung nicht den Barrierefreiheitsanforderungen der entsprechenden Rechtsverordnung entspricht, fordert sie den Dienstleistungserbringer auf, **angemessene Maßnahmen** zur **Herstellung der Konformität** innerhalb einer festgelegten **Frist** zu ergreifen (dabei gilt § 22 Abs. 2 S. 2 BFSG entsprechend).

Falls der Dienstleistungserbringer nicht innerhalb dieser Frist geeignete Korrekturmaßnahmen ergreift, fordert die Marktüberwachungsbehörde ihn erneut unter Androhung der Dienstleistungsuntersagung auf, geeignete Korrekturmaßnahmen zu ergreifen (§ 22 Abs. 2 S. 2 und 4 S. 4 und 5 BFSG gelten entsprechend).

Wenn auch in dieser zweiten Frist keine geeigneten Korrekturmaßnahmen ergriffen werden, ergreift die Marktüberwachungsbehörde erforderliche Maßnahmen, um die Nichterfüllung der Barrierefreiheitsanforderungen der Rechtsverordnung abzustellen.

Sie kann insbesondere anordnen, dass das **Angebot oder die Erbringung der Dienstleistung eingestellt** wird.

Wenn der Dienstleistungserbringer nachweist, dass die Dienstleistung den Anforderungen entspricht, wird die Anordnung aufgehoben.

c) Rechtsfolgen bei formaler Nichtkonformität von Dienstleistungen mit den Barrierefreiheitsanforderungen (§ 30 BFSG)

Für den Fall, dass die zuständige Marktüberwachungsbehörde feststellt, dass eine formale Nichtkonformität vorliegt, so fordert sie den Wirtschaftsakteur auf, die formale Nichtkonformität innerhalb einer angemessenen Frist zu beseitigen (§ 22 Abs. 2 S. 2–4 BFSG).

Eine formale Nichtkonformität von Dienstleistungen liegt vor, wenn
- die notwendigen Informationen nach Anlage 3 nicht oder nicht vollständig erstellt wurden oder
- die Informationen für die Allgemeinheit nicht oder nicht vollständig in barrierefreier Form zugänglich gemacht wurden.

Wird der Wirtschaftsakteur nicht innerhalb der gesetzten Frist tätig, so kann die Marktüberwachungsbehörde weitere Maßnahmen ergreifen und zunächst unter Androhung der Untersagung einer Dienstleistung den Dienstleistungserbringer dazu anhalten, die Konformität der Dienstleistung herzustellen.

→ HINWEIS

Nach § 31 BFSG ist die Marktüberwachungsbehörde dazu verpflichtet, die Öffentlichkeit in geeigneter Weise – beispielsweise über ihre Website – über ihre Existenz, ihre Zuständigkeiten, die Möglichkeit der Kontaktaufnahme, ihre Arbeit und ihre Entscheidungen barrierefrei zu informieren.

8 Haftung für Verstöße/ Rechtsbehelfe

*Verstöße gegen die Barrierefreiheitspflichten der einzelnen Wirtschaftsakteure stellen Ordnungswidrigkeiten dar. Die Höhe der **Bußgelder** richtet sich nach der Schwere des Verstoßes und kann **bis zu 100.000** EUR betragen.*

Maßnahmen der Marktüberwachungsbehörde wie zum Beispiel das Verbot des Verkaufs oder der Bereitstellung von Produkten sowie Anordnungen zu Rücknahme oder Rückruf von Produkten vom Markt führen zu hohen Kosten für das betroffene Unternehmen.

Unabhängig von der Rechtsdurchsetzung durch die Marktüberwachungsbehörden können Verbraucher, Unternehmen oder andere betroffene Personen Unterlassungs- und Schadenersatzansprüche erheben und gerichtlich geltend machen.

1. Ordnungswidrigkeitenrecht, Bußgelder (§ 37 BFSG)

Die Regelungen zu Ordnungswidrigkeiten und Bußgeldern finden sich in § 37 BFSG. Danach wird bestraft, wer vorsätzlich oder fahrlässig eine der in § 37 BFSG aufgeführten Ordnungswidrigkeiten begeht. Die Höhe des Bußgeldes richtet sich nach der Schwere der Ordnungswidrigkeit und kann bis zu 100.000 EUR betragen.

§ 37 Abs. 1 BFSG führt aus, dass **ordnungswidrig** handelt, wer vorsätzlich oder fahrlässig

- ein Produkt entgegen §§ 6 Abs. 1 Nr. 1 oder 9 Abs. 1 BFSG, jeweils in Verbindung mit der BFSGV, in den Verkehr bringt;
- eine Information nicht, nicht richtig, nicht vollständig oder nicht rechtzeitig gibt, entgegen § 6 Abs. 4 S. 3 BFSG, auch in Verbindung mit § 11 Abs. 4 BFSG, entgegen §§ 11 Abs. 2 S. 2 oder 14 Abs. 4 S. 2 BFSG, jeweils in Verbindung mit der BFSGV;
- nicht dafür sorgt, dass ein Produkt eine dort genannte Nummer oder ein dort genanntes Kennzeichen trägt, entgegen § 7 Abs. 1 S. 1 BFSG, auch in Verbindung mit S. 2, jeweils in Verbindung mit der BFSGV;
- eine Angabe nicht, nicht richtig, nicht vollständig, nicht in der vorgeschriebenen Weise oder nicht rechtzeitig macht, entgegen § 7 Abs. 2 S. 1 BFSG, auch in Verbindung mit S. 2, oder § 10 Abs. 1 S. 1, auch in Verbindung mit S. 2, in Verbindung mit der BFSGV;
- nicht sicherstellt, dass einem Produkt eine Gebrauchsanleitung und dort genannte Sicherheitsinformationen beigefügt sind, entgegen §§ 7 Abs. 3 oder 10 Abs. 2 BFSG, jeweils in Verbindung mit der BFSGV;
- eine Auskunft nicht, nicht richtig, nicht vollständig, nicht in der vorgeschriebenen Weise oder nicht rechtzeitig erteilt oder eine Unterlage nicht, nicht richtig, nicht vollständig, nicht in der vorgeschriebenen Weise oder nicht rechtzeitig aushändigt, entgegen §§ 7 Abs. 5 S. 1, 13 Abs. 1 oder 14 Abs. 5 S. 1 BFSG;
- ein Produkt auf dem Markt bereitstellt, entgegen § 11 Abs. 1 Nr. 1 oder Abs. 2 S. 1 BFSG in Verbindung mit der BFSGV;
- eine Dienstleistung anbietet oder erbringt, entgegen § 14 Abs. 1 BFSG in Verbindung mit der BFSGV;
- ein Produkt mit einer CE-Kennzeichnung nicht, nicht richtig, nicht vollständig, nicht in der vorgeschriebenen Weise oder nicht rechtzeitig versieht, entgegen § 19 Abs. 1 BFSG in Verbindung mit der BFSGV;
- eine Kennzeichnung, ein Zeichen oder eine Aufschrift auf einem Produkt anbringt, entgegen § 19 Abs. 3 BFSG in Verbindung mit Art. 30 Abs. 5 S. 1 Verordnung (EG) Nr. 765/2008.

2. Verbraucherrechte/Verwaltungsverfahren (§§ 32, 33 BFSG)

Durch das BFSG werden Rechte für betroffene Verbraucher geschaffen. Nach § 32 Abs. 1 BFSG haben diese das Recht, bei der zuständigen Marktüberwachungsbehörde Maßnahmen zur Beseitigung von Verstößen gegen Pflichten aus dem BFSG zu beantragen. Für den Fall, dass ein solcher Antrag abgelehnt wird, steht ihnen die Klage über den Rechtsweg an den Verwaltungsgerichten offen (§ 33 BFSG).

3. Schlichtungsverfahren (§ 34 BFSG)

Das Verbandsklagerecht (§ 32 Abs. 2 BFSG) ist ein Instrument, das es Verbänden ermöglicht, gegen Unternehmen zu klagen, die gegen das Gesetz verstoßen. Das Verbandsklagerecht kann von einem Verband oder einer qualifizierten Einrichtung im Sinne des § 3 Abs. 1 Nr. 1 Unterlassungsklagegesetz geltend gemacht werden.

4. Option der Verbandsklage

Das Verbandsklagerecht (§ 32 Abs. 2 BFSG) ist ein Instrument, das es Verbänden ermöglicht, gegen Unternehmen zu klagen, die gegen das Gesetz verstoßen. Das Verbandsklagerecht kann von einem Verband oder einer qualifizierten Einrichtung im Sinne des § 3 Abs. 1 Nr. 1 Unterlassungsklagegesetz geltend gemacht werden.

5. Verstoß gegen das UWG

Sofern sich ein Wettbewerber nicht an die Anforderungen des BFSG hält, kann dies zu Konsequenzen nach dem Gesetz gegen den unlauteren Wettbewerb (UWG) führen.

Das UWG zielt darauf ab, den fairen Wettbewerb zwischen Unternehmen sicherzustellen und insbesondere unfaire Geschäftspraktiken zu verhindern. Werden die Pflichten aus den §§ 6–12 BFSG nicht eingehalten, droht ein Verstoß gegen § 3a UWG, wodurch insbesondere Mitbewerber wettbewerbsrechtliche Unterlassungsansprüche geltend machen können.

9 Umsetzungshilfen

Wie lassen sich die gesetzlichen Anforderungen zur Barrierefreiheit in die Praxis umsetzen? Barrierefreiheit ist zum Glück kein Neuland mehr, sondern Standards und technische Dokumente geben Hilfestellung bei Implementieren der wichtigen Prinzipien.

Der „Werkzeugkasten" zur Umsetzung von Barrierefreiheit auf Websites enthält neben einer Reihe von Tipps & Tricks auch Tools zum Testen, um herauszufinden, was schon gut gelöst ist und wo man noch besser werden könnte. Die Nutzenden mit Barrierefreiheitsanforderungen setzen vielfach standardisierte Assistenztechnologien ein, zu denen Websites kompatibel sein sollten.

1. Bei der Umsetzung zu beachtende Standards

Die Umsetzung von Barrierefreiheitsanforderungen ist an sich nichts Neues: Viele Behörden waren bereits in der Vergangenheit zur Barrierefreiheit verpflichtet, und zahlreiche Anbieter von Produkten und Dienstleistungen haben ihre Entwicklungen und Angebote seit Jahren zumindest in Teilen nach diesen Anforderungen ausgerichtet – schon um nicht Teile ihrer potenziellen Kundschaft auszuschließen.

Zwar ist neu, dass die Wirtschaftsakteure, die ihre Produkte und Dienstleistungen nach dem 28.6.2025 auf dem europäischen Markt anbieten, gesetzlich zur Barrierefreiheit verpflichtet werden. Doch in der Umsetzung können sie auf dieselben Methoden und Werkzeuge zurückgreifen, die bisher für Behörden entwickelt worden sind oder die sich aus über viele Jahre lang entwickelten technischen Standards ergeben.

Den einheitlichen Maßstab für die Erfüllung der Barrierefreiheitsanforderungen liefert der dem BFSG zugrunde liegende European Accessibility Act (Richtlinie (EU) 2019/882), denn dieser muss von allen Mitgliedstaaten der EU umgesetzt werden. Damit soll die europaweite Harmonisierung der Anforderungen gewährleistet sein. Auch wenn mit Erlass des BFSG und der zugehörigen Verordnung noch nicht alle Standards und Anforderungen im Detail erarbeitet und veröffentlicht wurden, gibt es im Vorfeld des 28.6.2025 genügend Orientierung, damit sich die Wirtschaftsakteure vorbereiten und ihre Pflichten zeitgerecht erfüllen können.

Angesichts des technischen Fortschritts werden sich die technischen Standards zur Umsetzung von Barrierefreiheitsanforderungen über die Zeit weiterentwickeln. Ein Anbieter eines Produkts oder einer Dienstleistung muss sich darauf einstellen, bei neuen Versionen nicht nur die Funktionalität oder etwa Anforderungen an die Sicherheit oder an den Datenschutz in den Blick zu nehmen, sondern auch Barrierefreiheitsaspekte in die Gestaltung einfließen zu lassen.

Das dynamische Element der Anforderungen ist durch § 3 Abs. 2 BFSGV in der Weise berücksichtigt, dass für die **Bundesfachstelle Barrierefreiheit** regelmäßige Veröffentlichungspflichten auf ihrer Website vorgesehen sind. Dies umfasst:

- eine Auflistung der wichtigsten zu beachtenden Standards, aus denen die Barrierefreiheitsanforderungen für die betroffenen Produkte und Dienstleistungen detailliert hervorgehen,
- Konformitätstabellen, die einen Überblick zu den wichtigsten Barrierefreiheitsanforderungen für die betroffenen Produkte und Dienstleistungen geben, und
- aktuelle Informationen zu den zu beachtenden Standards.

Nach dem 28.6.2025 werden auch die Informationen von der Marktüberwachungsbehörde zu ihren Entscheidungen, die sie nach § 31 Abs. 1 BFSG bereitstellen muss, zur Konkretisierung der Anforderungen beitragen.

Die Bundesfachstelle Barrierefreiheit erklärt in den Frequently Asked Questions im Vorfeld der Geltung des BFSG, welche Dokumente als Maßstab für die Erfüllung der Barrierefreiheitsanforderungen dienen werden (https://www.bundesfachstelle-barrierefreiheit.de/DE/Fachwissen/Produkte-und-Dienstleistungen/Barrierefreiheitsstaerkungsgesetz/FAQ/faq_node.html):

- „Harmonisierte Normen" (vgl. § 4 BFSG) sind europäische Normen im Sinne verabschiedeter Standards, „die auf Grundlage eines Auftrags der Kommission zur Durchführung von Harmonisierungsrechtsvorschriften der Union angenommen" wurden (vgl. Art. 2 Nr. 1c Verordnung (EU) 1025/2012), die im Amtsblatt der Europäischen Union bekannt gemacht werden.
- „Technische Spezifikationen" (im Sinne des Art. 2 Nr. 4 Verordnung (EU) 1025/2012, vgl. auch § 2 Nr. 20 BFSG) sind normative Dokumente, die aktuell noch keine Normen sind, bei denen sich aber ein späterer Konsens und die Herausgabe als (harmonisierte) europäische Norm erwarten lässt, oder die Anforderungen im Bereich experimenteller Situationen und/oder sich in Entwicklung befindender Technologien formulieren.

Drei Standardisierungsgremien für europäische Normen werden in den FAQ der Bundesfachstelle Barrierefreiheit aufgeführt:

- CENELEC für elektrotechnische Normen: https://www.cencenelec.eu/
- ETSI für Telekommunikationsnormen: https://www.etsi.org/standards
- CEN für alle anderen Sektornormen: https://www.cencenelec.eu/

Konkret nennt die Bundesfachstelle Barrierefreiheit die Norm EN 301 549, die bereits nach Barrierefreie-Informationstechnik-Verordnung (BITV 2.0) (https://www.bundesfachstelle-barrierefreiheit.de/DE/Fachwissen/Informationstechnik/EU-Webseitenrichtlinie/BGG-und-BITV-2-0/Die-neue-BITV-2-0/die-neue-bitv-2-0_node.html) für öffentliche Stellen des Bundes maßgeblich ist. So enthält der Durchführungsbeschluss der Europäischen Kommission, der am 12.8.2021 im Amtsblatt der EU veröffentlicht wurde, die harmonisierte Norm **EN 301 549 in der Version V3.2.1** (2021-03) für Barrierefreiheitsanforderungen von Websites und mobilen Anwendungen. Die Norm EN 301 549 in der Version 3.2.1 steht in der englischen Fassung unter dem folgenden Link zur Verfügung: https://www.etsi.org/deliver/etsi_en/301500_301599/301549/03.02.01_60/en_301549v030201p.pdf. Eine urheberrechtlich geschützte deutsche Fassung kann unter https://www.beuth.de/en/standard/din-en-301549/353869627 kostenpflichtig erworben oder bei Darlegung des berechtigten Interesses bei der Überwachungsstelle des Bundes für Barrierefreiheit von Informationstechnik angefordert werden: https://www.bfit-bund.de/SharedDocs/Kurzmeldungen/DE/Pressemitteilung-Maerz-2021-01.html.

Laut FAQ der Bundesfachstelle Barrierefreiheit und Aussagen des Standardisierungsgremium ETSI wird diese Norm zurzeit an den European Accessibility Act – und damit auch an die Anforderungen des BFSG – angepasst, um die Anforderungen an Produkte und Dienstleistungen zu beschreiben (https://www.etsi.org/human-factors-accessibility/en-301-549-v3-the-harmonized-european-standard-for-ict-accessibility). Es ist zu erwarten, dass die Europäische Kommission anschließend mit einem Durchführungsbeschluss die EN 301 549 ebenfalls für den Bereich der Wirtschaftsakteure benennen wird, damit die Anforderungen an Barrierefreiheit im europäischen Markt einheitlich geregelt werden.

Die EN 301 549 greift selbst auf den internationalen Standard „Web Content Accessibility Guidelines“ (WCAG) zur Umsetzung von Barrierefreiheit von Websites zurück. Die Norm EN 301 549 verweist auf die Version WCAG 2.1, die mittlerweile weiterentwickelt wurde. Dieser Standard wurde am 5.10.2023 in der Version 2.2 als Empfehlung des World Wide Web Consortium (W3C Recommendation) herausgeben: https://www.w3.org/TR/WCAG22/.

Die folgende Abbildung zeigt, wie BFSG und BFSGV ähnlich den rechtlichen Normen für den öffentlichen Bereich die europäischen Anforderungen umsetzen und hier in der Konkretisierung die EN 301 549 und auch die WCAG eine zentrale Rolle spielen.

→ **HINWEIS**

Regelmäßig auf der Website der Bundesfachstelle Barrierefreiheit nach dem Stand schauen – dort gibt es aktuelle Informationen zu den verabschiedeten Standards und konkreten Anforderungen.

Weitere relevante Industriestandards der Barrierefreiheit betreffen Softwareanwendungen (ISO 9241-171) oder das Dateiformat PDF (PDF/UA).

⚠ **ACHTUNG**

Seit 2008 nicht mehr aktualisiert. Deutsche Fassung: DIN EN ISO 9241-171:2008-10, Ergonomie der Mensch-System-Interaktion – Teil 171: Leitlinien für die Zugänglichkeit von Software“: https://www.beuth.de/de/norm/din-en-iso-9241-171/107114575.

Dabei handelt es sich nicht um harmonisierte Normen im Sinne des European Accessibility Acts, jedoch tragen sie ebenfalls zur Umsetzung von bestimmten Barrierefreiheitsanforderungen bei.

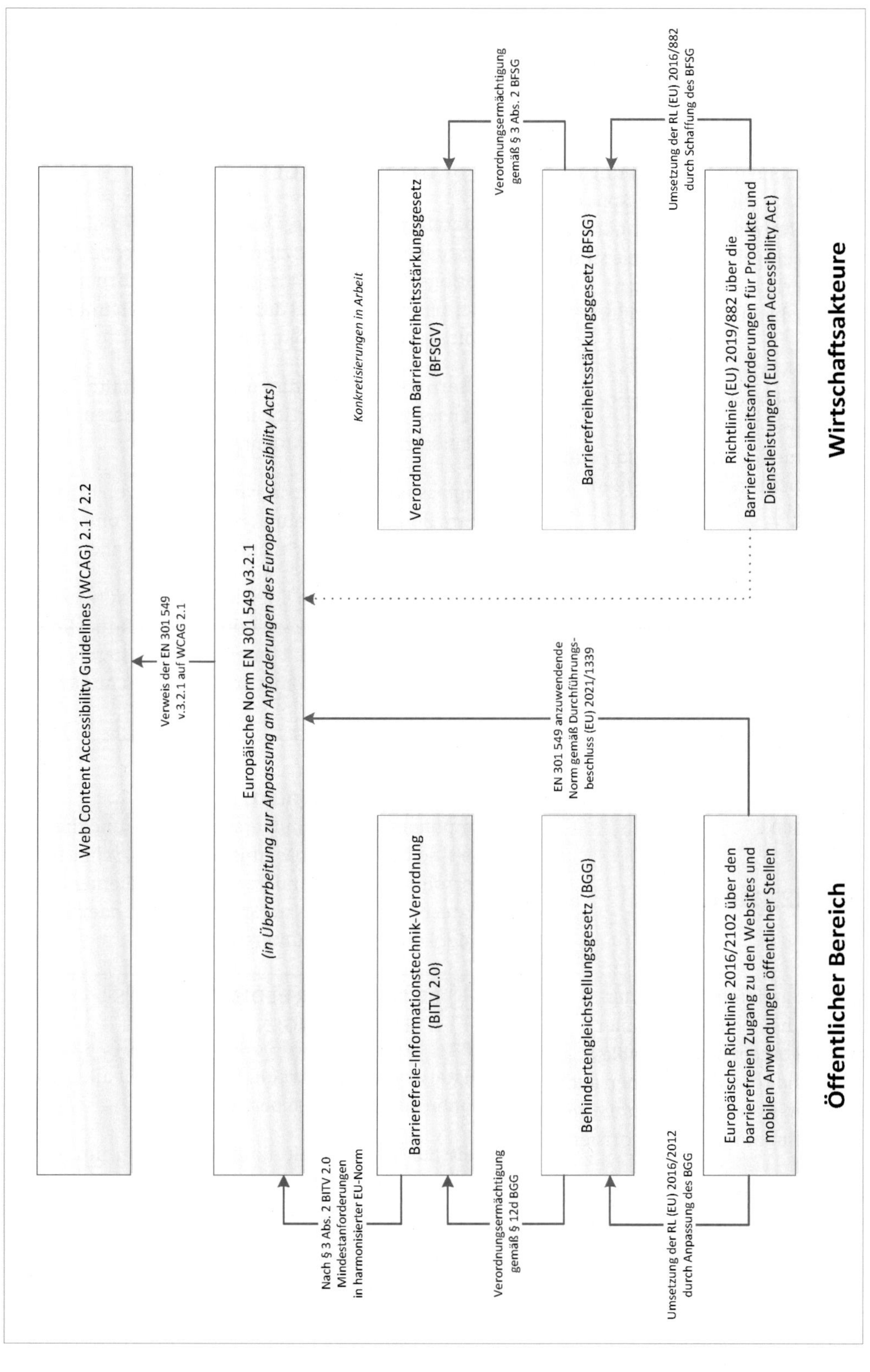
Web Content Accessibility Guidelines (WCAG) 2.1 / 2.2
Verweis der EN 301 549 v.3.2.1 auf WCAG 2.1
Europäische Norm EN 301 549 v3.2.1
(in Überarbeitung zur Anpassung an Anforderungen des European Accessibility Acts)
Nach § 3 Abs. 2 BITV 2.0 Mindestanforderungen in harmonisierter EU-Norm
Barrierefreie-Informationstechnik-Verordnung (BITV 2.0)
Verordnungsermächtigung gemäß § 12d BGG
Behindertengleichstellungsgesetz (BGG)
Umsetzung der RL (EU) 2016/2012 durch Anpassung des BGG
Europäische Richtlinie 2016/2102 über den barrierefreien Zugang zu den Websites und mobilen Anwendungen öffentlicher Stellen
EN 301 549 anzuwendende Norm gemäß Durchführungsbeschluss (EU) 2021/1339
Öffentlicher Bereich
Konkretisierungen in Arbeit
Verordnung zum Barrierefreiheitsstärkungsgesetz (BFSGV)
Verordnungsermächtigung gemäß § 3 Abs. 2 BFSG
Barrierefreiheitsstärkungsgesetz (BFSG)
Umsetzung der RL (EU) 2016/882 durch Schaffung des BFSG
Richtlinie (EU) 2019/882 über die Barrierefreiheitsanforderungen für Produkte und Dienstleistungen (European Accessibility Act)
Wirtschaftsakteure

2. Assistenztechnologien als Hilfsmittel für Barrierefreiheit

Assistenztechnologien (auch: Assistive Technologien, unterstützende Technologien) sind Soft- und Hardware-Lösungen, die es Menschen mit Behinderungen ermöglichen, digitale Angebote wie Websites, Apps oder andere Software zu nutzen. Teilweise ist die Funktion bereits in Betriebssystemen eingebaut, teilweise sind Zusatzinstallationen erforderlich. Dazu gehören:

- Vergrößerungssoftware, die Inhalte vergrößert darstellen,
- Screenreader, die Inhalte vorlesen,
- Braille-Zeilen oder Braille-Drucker, die Inhalte in Braille-Schrift tastbar darstellen,
- Spracherkennungssysteme für die Navigation durch ein Angebot oder zum Ausführen von Befehlen.

Der Abschnitt 11 der EN 301549 enthält auch Anforderungen an Software, die als Assistenztechnologie arbeitet. Bei Anwendungen wie Apps unterscheidet man zwischen „offener Funktionalität", für die der Zugang der Betroffenen durch Assistenztechnologien unterstützt wird, und „geschlossener Funktionalität", bei der dies nicht der Fall ist. Generell empfiehlt sich bei der Software-Entwicklung die Gestaltung in „offener Funktionalität", um den Einsatz von Assistenztechnologien zu ermöglichen und damit bereits einen Teil der Anforderungen an die Barrierefreiheit leichter erfüllen zu können.

3. Die POUR-Prinzipien der Barrierefreiheit

Vier Prinzipien werden für Barrierefreiheit unterschieden, deren Anfangsbuchstaben in englischer Sprache das Akronym POUR ergeben: **p**erceivable, **o**perable, **u**nderstandable und **r**obust. Sie werden auch in mehreren Barrierefreiheitsstandards genannt, um die Anforderungen und Maßnahmen zu kategorisieren.

a) Perceivable (wahrnehmbar)

Informationen und Komponenten der Benutzerschnittstelle und der Inhalte müssen so präsentiert werden, dass sie für die Nutzenden wahrnehmbar sind. Dazu gehören beispielsweise die visuelle Wahrnehmbarkeit, eine Wahrnehmbarkeit per Audio (zum Beispiel Sprache, Tonsignale) oder die haptische Wahrnehmbarkeit (zum Beispiel Berührung, Vibration).

> **BEISPIELE FÜR WAHRNEHMBARKEITS-ANFORDERUNGEN**
>
> **Textalternativen:** Beschreibungstext für nicht-textuelle Inhalte wie zum Beispiel Bilder oder Navigationselemente, sodass die Inhalte wahrnehmbar werden, zum Beispiel durch ein Vorlesen mit Hilfe von Assistenztechnologien.
>
> **Alternativen für Audio- und Video-Inhalte:** Texttranskription, Untertitel in aufgezeichneten Videos, Übersetzung in Gebärdensprache.
>
> **Anpassbarkeit:** Alternativdarstellung von Inhalten (zum Beispiel in vereinfachtem Layout), ohne dass Informationen oder Struktur verloren gehen.
>
> **Unterscheidbarkeit:** Erleichterung für Nutzende, Inhalte zu sehen oder zu hören, durch Farbe, Kontrast, Abhebung vom Hintergrund, Pausieren oder Leisestellen von automatisch laufenden Audio-/Video-Inhalten.

b) Operable (bedienbar)

Komponenten der Benutzerschnittstelle und die Navigation sind bedienbar. Das umfasst Menüs, Schaltflächen, Kontrollpanels oder andere interaktive Elemente. Assistenztechnologien wie zur Spracheingabe oder Screenreader können dabei unterstützen.

> **BEISPIELE FÜR BEDIENBARKEITS-ANFORDERUNGEN**
>
> **Tastaturverwendbarkeit:** Verfügbarkeit aller Funktionen ausschließlich per Tastatur.
>
> **Zeit:** ausreichend Zeit für die Nutzenden, um Inhalte zu lesen oder Funktionen zu verwenden (zum Beispiel bei Eingabe eines Passworts).
>
> **Anfallfreie Gestaltung:** Vermeiden von Gestaltungsweisen, die dafür bekannt sind, epileptische Anfälle oder andere körperliche Reaktionen auslösen zu

können (zum Beispiel durch Lichtblitze oder flackernde Bilder).

Navigation: Unterstützung der Nutzenden in der Navigation, zum Beispiel um Inhalte zu finden oder zu bestimmen, wo sie sich auf einer Website befinden.

c) Understandable (verständlich)

Alle Informationen und die Benutzerschnittstelle müssen für die Nutzenden verständlich sein.

➪ **BEISPIELE FÜR VERSTÄNDLICHKEITS-ANFORDERUNGEN**

Lesbarkeit: für die Nutzenden verständliche Gestaltung der Texte und anderer Inhalte, Vermeiden von schwierigen oder komplexen Formulierungen, ungewohnter Fachsprache und unbekannte Abkürzungen.

Vorhersehbarkeit: konsistente Bereitstellung von Inhalten und Navigationselementen, vorhersehbare Funktion von interaktiven Elementen.

Fehlerbehandlung: Unterstützung der Nutzenden in einer Weise, dass sie Fehler nach Möglichkeit vermeiden (zum Beispiel bei Ausfüllen von Online-Formularen) und sonst auf einfache Weise erkennen und korrigieren können.

d) Robust

Inhalte und Angebote müssen technisch robust sein und mit gängigen und zukünftigen Werkzeugen funktionieren. Dazu gehören auch spezifische Hilfsmittel wie von den Nutzenden selbstgewählte Assistenztechnologien.

➪ **BEISPIEL FÜR ROBUSTHEITS-ANFORDERUNGEN**

Kompatibilität: auf größtmögliche Kompatibilität achten; Funktionalität vermeiden, für die der Einsatz einer besonderen Technik oder einer speziellen Version einer Software, zum Beispiel eines Webbrowsers, notwendig ist.

Assistenztechnologien: Unterstützung von und Bereitstellung von Schnittstellen für Assistenztechnologien, die von den Nutzenden eingesetzt werden.

4. Umsetzung im eigenen Verantwortungsbereich

Die verpflichteten Wirtschaftsakteure können in verschiedenen Rollen vom BFSG betroffen sein. Das Gesetz unterscheidet Dienstleistungserbringer, Hersteller, Einführer und Händler. Für die Umsetzung der Barrierefreiheitsanforderungen ist vor allem wesentlich, an welcher Stelle und auf welche Weise ein Wirtschaftsakteur einwirken kann: unmittelbar in der Entwicklung eines Produkts oder einer Dienstleistung oder bei der Auswahl eines Produkts oder einer Dienstleistung für das eigene Angebot. Damit sich der Wirtschaftsakteur von der Konformität eines Produkts oder einer Dienstleistung mit dem BFSG überzeugen kann, können Test-Werkzeuge zum Einsatz kommen. Im Folgenden werden dazu Hinweise gegeben:

a) Entwicklung von Anfang an im Sinne der Barrierefreiheit

In jeder Eigenentwicklung muss der Wirtschaftsakteur die Kriterien für Barrierefreiheit einhalten. Dies bedeutet, dass die Anforderungen an Barrierefreiheit bereits in der Konzeptionalisierungsphase aufgenommen werden sollten. Die Entwicklungsteams sollten die generellen Anforderungen und die Umsetzungsmöglichkeiten kennen. Als Voraussetzung für eine Abnahme einer technisch fertiggestellten Eigenentwicklung müssen definierte Tests für allgemeine Benutzbarkeit (Usability) und für Barrierefreiheit durchgeführt und etwa erforderliche Nachbesserungen vorgenommen werden. Da sich die Anforderungen an die Barrierefreiheit mit dem Weiterentwickeln von Standards verändern können, ist ein Prozess vorzusehen, um diese Anforderungen auch in den Eigenentwicklungen zu berücksichtigen.

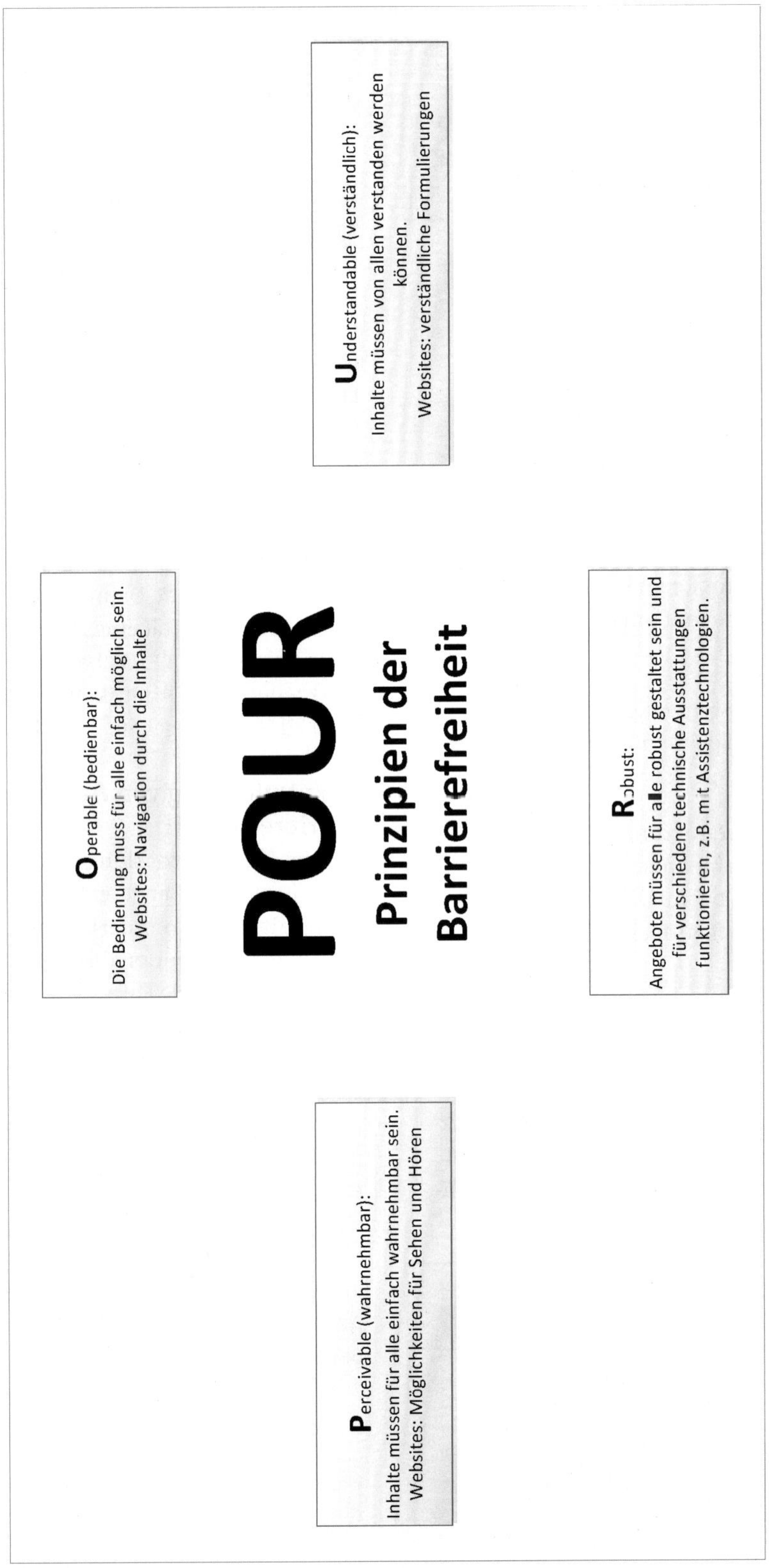

POUR

Prinzipien der Barrierefreiheit

Operable (bedienbar):
Die Bedienung muss für alle einfach möglich sein.
Websites: Navigation durch die Inhalte

Perceivable (wahrnehmbar):
Inhalte müssen für alle einfach wahrnehmbar sein.
Websites: Möglichkeiten für Sehen und Hören

Understandable (verständlich):
Inhalte müssen von allen verstanden werden können.
Websites: verständliche Formulierungen

Robust:
Angebote müssen für alle robust gestaltet sein und für verschiedene technische Ausstattungen funktionieren, z.B. mit Assistenztechnologien.

→ **HINWEIS ZUR THEMATIK BARRIEREFREIE PDF-DATEIEN**

Vielfach werden Dokumente als PDF (Portable Distributed Format) bereitgestellt. Für Barrierefreiheit von PDF-Dokumenten wurde der ISO-Standard 14289-1 entwickelt, besser bekannt unter der Bezeichnung PDF/UA (UA steht für Universal Access). Die Barrierefreiheit wird durch sogenannte Tags erreicht, die das Dokument strukturieren. Diese Tags werden von Assistenztechnologien wie Screenreadern ausgewertet, damit die logische Struktur des Textes, zum Beispiel zur Lesereihenfolge, erfasst werden kann.
Zur Generierung von barrierefreien PDF-Dokumenten wird am besten bereits das Quelldokument (zum Beispiel in Word) so strukturiert und – zum Beispiel mit geeigneten Formatvorlagen – formatiert, dass das daraus erzeugte PDF-Dokument ohne aufwendige Nachbearbeitung barrierefrei ist. Ein sehr viel größerer Aufwand entsteht dann, wenn in einer nicht-barrierefreien PDF-Datei die Tags zur Kennzeichnung der Strukturen ergänzt werden müssen.

b) Barrierefreiheit als Kriterium für Beschaffung und Auswahl

Vielfach werden Wirtschaftsakteure auf Produkte oder Dienstleistungen von anderen Wirtschaftsakteuren zurückgreifen. Zur Erfüllung von Anforderungen an die Barrierefreiheit sollte dies daher als Kriterium für die Beschaffung oder Auswahl explizit genannt werden. In Ausschreibungen oder Beschaffungsanfragen kann dies geschehen durch eine Formulierung wie *„Das Produkt/die Leistung muss die rechtlichen Anforderungen an Barrierefreiheit nach dem BFSG erfüllen."* Künftig wird dies auch durch die entsprechende CE-Kennzeichnung erkennbar sein.

Es können zudem die relevanten Standards als Anforderung aufgeführt werden:

- Anwendungssoftware: EN 301 549, DIN EN 9241-171,
- Webseiten: WCAG 2.2, EN 301 549, BITV 2.0,
- PDF-Dokumente: PDF/UA.

Um Missverständnisse zu vermeiden, bietet es sich an, die Erwartungen konkret zu benennen, zum Beispiel indem in einem Pflichtenheft für ein Produkt formuliert wird: *„Das Produkt muss für Menschen mit Behinderungen – zum Beispiel für sehbehinderte oder blinde Menschen, schwerhörige oder taube Menschen, für Menschen mit eingeschränkter Mobilität oder Fingerfertigkeit, für Menschen mit geistigen Einschränkungen – einsetzbar sein."*

Weiterhin ist möglich, im Rahmen der Auswahl eines Anbieters oder Dienstleisters nach einem Konzept zur Barrierefreiheit zu fragen, Informationen über die Umsetzung der Anforderungen in dem konkreten Fall anzufordern oder sich Referenzen vorlegen zu lassen.

Der Wirtschaftsakteur sollte außerdem die Umsetzung der Anforderungen an Barrierefreiheit durch den Anbieter oder Dienstleister selbst testen und bei Mängeln Nachforderungen stellen.

c) Prüfung auf Barrierefreiheit

Es gibt verschiedene standardisierte Prüf- oder Testverfahren, um den Grad der Umsetzung der Barrierefreiheitsanforderungen zu ermitteln und etwaige Mängel festzustellen. Rein automatisierte Tests können zurzeit nicht alle Kriterien zuverlässig prüfen, jedoch sind für einen Erst-Check hilfreich.

Die meisten bisher bereitgestellten Tests betreffen den Bereich des World Wide Web. So gibt es für die Prüfung Barrierefreiheit von Websites gibt es beispielsweise das WCAG-EM Report Tool oder den WCAG-Test (https://www.w3.org/WAI/eval/report-tool/), um die WCAG 2-Anforderungen des World Wide Web Consortiums zu testen. Zudem lässt sich der „BIK BITV-Test" für die Prüfung der Barrierefreiheit von Websites und Webanwendungen auf Basis der BITV 2.0 / EN 301 549 einsetzen (https://www.bitvtest.de/bitv_test.html). Für den Test der Barrierefreiheit von PDF-Dokumenten gibt es das Tool „PAC – PDF Accessibility Checker" (https://pac.pdf-accessibility.org/de).

→ **HINWEIS**

Unter den Suchbegriffen „Accessibility Browser Extension" finden Sie für alle gängigen Browser Add-ons, die Ihnen beim Auswerten der Barrierefreiheitseigenschaften einer Website behilflich sind.

Ein vollständiges Testen einer Website darauf, ob die Barrierefreiheitsanforderungen ausreichend umgesetzt worden sind, kann aufwendig sein. Mit einem „Schnelltest" lassen sich aber leicht grobe Schnitzer erkennen, die dann schnell behoben werden sollten:

Weglassen von Maus oder Touchpad: Ist eine Navigation noch möglich? Können alle Unterseiten allein per Tastatursteuerung (Tabulator-, Return- und Leertaste sowie Pfeiltasten) erreicht werden?

Aufruf per Handy in Mobilansicht statt Desktop-Ansicht oder Vergrößerung der Darstellung, zum Beispiel der Schrift auf 200 %: Sind die Inhalte noch wahrnehmbar und verständlich oder kommt es zu Fehlumbrüchen oder Überlagerungen? Ist die Website noch bedienbar oder sind Bedienelemente nicht mehr sichtbar oder nicht mehr erreichbar?

Schwarz-weiß-Ausdruck: Sind die Inhalte in Grautondarstellung noch wahrnehmbar und verständlich?

Sichtung des Dokumenttitels: Wurde ein passender Dokumenttitel (sichtbar im Reiter der Titelleiste des Browsers) gewählt?

Darstellung der Struktur: Sind die Überschriften geeignete Gliederungen der Struktur? Sind Tabellen mit Spalten-, Zeilen- und Tabellenüberschriften versehen?

Betrachten von Bildern: Gibt es einen Alternativ-Text mit einer aussagekräftigen Bildbeschreibung?

Aufruf von Audio- oder Videodateien: Gibt es für audiovisuelle Medien Alternativen? Ist die Tonspur in Textform als Transkript oder per eingeblendeten Untertiteln verfügbar?

Sichtung von bewegten Inhalten: Können automatisch abspielende Inhalte wie Videos gesteuert werden, zum Beispiel durch Pausieren, Ausblenden oder Leisestellen?

→ HINWEIS

Probleme in der Barrierefreiheit, die für Sie auf den ersten Blick oder im Schnelltest erkennbar sind, fallen auch anderen auf und können zu vermeidbaren Beschwerden, Abmahnungen oder Klagen führen.

Für Websites gibt es „Accessibility Assistants", die es den Nutzenden komfortabel ermöglichen, die Darstellung an ihre individuellen Bedürfnisse anzupassen, zum Beispiel mit Vergrößerung der Schriften oder des Cursors, zur Umstellung der Farbschemata ganz allgemein oder bei selektiven Farbschwächen oder zum Stoppen beweglicher Inhalte. Solche Funktionen sind oft mit dem Icon für „Universal Access" gekennzeichnet (https://forkaweso.me/Fork-Awesome/icon/universal-access/):

5. Exkurs: Barrierefreiheit und Datenschutz

Wer die gesetzlichen Anforderungen an Barrierefreiheit erfüllen will, darf dabei nicht gegen andere Pflichten verstoßen. Eigentlich eine Selbstverständlichkeit, doch leider sind nicht alle angebotenen Dienste und Tools für Barrierefreiheit von vornherein datenschutzkonform. Wenn mit dem Einsatz solcher Dienste oder Tools eine Verarbeitung personenbezogener Daten verbunden ist, müssen die Verantwortlichen – zum Beispiel ein Website-Betreiber – sich an die Datenschutzgesetze halten und beispielsweise in ihrer Datenschutzerklärung darüber informieren.

a) Wichtige Anforderungen aus dem Datenschutzrecht

Das Datenschutzrecht gilt dann, wenn personenbezogene Daten über betroffene Personen verarbeitet werden. Das können beispielsweise Informationen wie die Namen oder E-Mail-Adressen von Nutzenden sein, die beim Anlegen eines Benutzerkontos eingegeben werden, oder auch technische Identifikatoren wie IP-Adressen oder Cookies, die beim Website-Zugriff übertragen werden.

HINWEIS

Nicht immer ist einem bewusst, dass eine Verarbeitung personenbezogener Daten stattfindet. Das passiert aber bereits, wenn Dienste oder Tools anderer Anbieter, wie zum Beispiel Vorlese- oder Übersetzungsprogramme, so auf der eigenen Website eingebunden werden, dass der Browser der Nutzenden direkten Kontakt zu den Anbietern aufnimmt. Dann werden nämlich IP-Adressen und gegebenenfalls auch Informationen von gesetzten Cookies übermittelt.

In diesen Fällen müssen Verantwortliche auch bei der Umsetzung der Barrierefreiheitsanforderungen die Regelungen der Datenschutz-Grundverordnung (DS-GVO) berücksichtigen. Für Apps, Websites und den Telekommunikationsbereich gilt außerdem das Telekommunikation-Digitale-Dienste-Datenschutz-Gesetz (TDDDG).

⚠ ACHTUNG

Wenn Daten über Einschränkungen oder Behinderungen der Nutzenden verarbeitet werden, handelt es sich oft um Gesundheitsdaten. Die DS-GVO erlaubt die Verarbeitung solcher besonders sensiblen Daten nur unter besonderen Bedingungen (Art. 9 DS-GVO). In den meisten Fällen muss vor der Verarbeitung eine informierte Einwilligung von den betroffenen Personen eingeholt werden.

Checkliste

- ☐ Bei der Auswahl von Diensten und Tools für Barrierefreiheit nachfragen, welche Verarbeitung personenbezogener Daten stattfindet und wie die Datenschutzbestimmungen befolgt werden. Dazu gehört auch, dass nur die für den Zweck erforderlichen Daten verarbeitet werden. Die Datenschutzinformationen sollte man sich schriftlich geben lassen.
- ☐ Besonderes Augenmerk auf Datenübermittlungen personenbezogener Daten ins außereuropäische Ausland legen, weil dort zumeist nicht dasselbe Datenschutzniveau gewährleistet ist. Hier besonders nachfragen, wie sichergestellt wird, dass der Transfer der Daten rechtskonform ist.
- ☐ Mit dem Dienstleister die Verantwortlichkeiten für die Verarbeitung klären und ggf. einen Auftragsverarbeitungsvertrag (Art. 28 DS-GVO) oder eine Vereinbarung zur gemeinsamen Verantwortlichkeit (Art. 26 DS-GVO) schließen.
- ☐ Die Informationspflichten erfüllen (Art. 13 DS-GVO): Betroffene Personen über die beabsichtigte Verarbeitung ihrer personenbezogenen Daten zum Zweck der Barrierefreiheit informieren, z. B. in Datenschutzerklärungen. Das gilt auch für die Verarbeitung durch eingebundene Dienstleister.
- ☐ Wenn eine Einwilligung (Art. 7 DS-GVO) eingeholt werden muss, müssen die Nutzenden vorher ausreichend über die Verarbeitung informiert worden sein. Die Einwilligung muss freiwillig gegeben werden. Sie kann jederzeit mit Wirkung für die Zukunft zurückgezogen werden.

- [ ] Auch an die Datensicherheit (Art. 32 DS-GVO) denken: Unberechtigte Zugriffe auf die personenbezogenen Daten müssen verhindert werden.
- [ ] Für all diese Punkte die oder den Datenschutzschutzbeauftragte(n) des Unternehmens einbeziehen – dann sollte nichts schiefgehen!

b) Barrierefreiheit und Künstliche Intelligenz

In der Nutzung von Künstlicher Intelligenz (KI) wird ein großes Potenzial auch für die Barrierefreiheit gesehen. Wenn dies individuelle Assistenzlösungen sein sollen, die auf Basis des konkreten Nutzerverhaltens oder seiner spezifischen Einschränkungen funktionieren, ist das Datenschutzrecht anwendbar. Es gibt aber auch Prüftools, die anhand von nicht-personenbezogenen allgemeinen Nutzerkategorien deutlich machen können, wo ein Produkt oder Angebot in der Realisierung noch Defizite in der Barrierefreiheit aufweist. In diesem Fall könnte dies ohne Personenbezug realisiert sein; dann wäre das Datenschutzrecht nicht anwendbar.

10 Weitere Informationen zum Thema Barrierefreiheit

Das Thema Barrierefreiheit entwickelt sich weiter, der Stand der Technik ebenfalls. Um die Anforderungen effektiv und rechtssicher auf Dauer umsetzen zu können, empfiehlt sich ein regelmäßiger Blick in die Materialien und Links, die hier aufgeführt sind. Für Anfänger ist dies eine Starthilfe, Fortgeschrittene finden hier Aktualisierungen und wichtige Entwicklungen.

Die **Bundesfachstelle für Barrierefreiheit** hilft dabei, Barrierefreiheit in der öffentlichen Verwaltung weiter zu verbessern: angefangen vom baulichen Zugang bis hin zur barrierefreien Information und Kommunikation:

- Startseite: https://www.bundesfachstelle-barrierefreiheit.de/
- FAQ: https://www.bundesfachstelle-barrierefreiheit.de/DE/Fachwissen/Produkte-und-Dienstleistungen/Barrierefreiheitsstaerkungsgesetz/FAQ/faq_node.html

Harmonisierter Standard EN 301 549 v3.2.1 („Accessibility requirements for ICT products and services"): https://www.etsi.org/deliver/etsi_en/301500_301599/301549/03.02.01_60/en_301549v030201p.pdf

Auf den Webseiten der **Überwachungsstelle des Bundes (BFit-Bund)** können berechtigte Organisationen und öffentliche Stellen nach der Registrierung, die EN 301 549 in deutscher Sprachfassung herunterzuladen: https://www.bfit-bund.de/Login/Login/login_node.html

Informationsportal des Bundesinnenministeriums zur digitalen Barrierefreiheit **– Portal „Barrierefreiheit der Dienstekonsolidierung"** des Bundes: https://www.barrierefreiheit-dienstekonsolidierung.bund.de/

Das vom Bundesministerium für Arbeit und Soziales geförderte **Projekt „Teilhabe 4.0"** stellt auf seiner Website Schulungsmaterial, Leitfäden und Demonstrations-Apps bereit: https://www.teilhabe40.de/

Das Material des vom Bundesministerium für Arbeit und Soziales bis 2022 geförderten **Projekts iDESkmu** (iDESkmu = inklusive Dokumentenmanagementsysteme und Enterprise Content Managementsysteme in kleinen und mittleren Unternehmen, Verwaltungen und Verbänden der Selbsthilfe) richtet sich an KMU, Softwarehersteller und Nutzende: https://www.projekt-ideskmu.de/

Material für Designer und Entwickler (großenteils in englischer Sprache):

Web Accessibility Initiative:

- Startseite: https://www.w3.org/WAI/
- Einführung in die Barrierefreiheit im Web: https://www.w3.org/WAI/fundamentals/
- Tutorials der Web Accessibility Initiative: https://www.w3.org/WAI/tutorials/

Web Content Accessibility Guidelines (WCAG):

- Übersicht: https://www.w3.org/WAI/standards-guidelines/wcag/
- WCAG 2.2 (englisch): https://www.w3.org/TR/WCAG22/
- Inoffizielle deutsche Übersetzung der WCAG 2.1: https://outline-rocks.github.io/wcag/translations/WCAG21-de/
- Erläuterungen zur WCAG 2.2: https://www.w3.org/WAI/WCAG22/Understanding/
- Techniken und Beispiele zur Umsetzung der WCAG 2.2: https://www.w3.org/WAI/WCAG22/Techniques/
- Hilfen zum Design und Entwicklung von barrierefreien Anwendungen und Websites: https://www.w3.org/WAI/design-develop/

Webstandard ARIA (Accessible Rich Internet Application):

- Überblick: https://www.w3.org/WAI/standards-guidelines/aria/
- ARIA Authoring Practices Guide (APG): https://www.w3.org/WAI/ARIA/apg/
- Design Patterns und Projekte zu ARIA: https://github.com/w3c/aria-practices

Informationsplattform WebAIM (Web Accessibilty in Mind) zur Barrierefreiheit für Websites: https://webaim.org/

HTML Accessibility API Mappings: https://www.w3.org/TR/html-aam/

Die **barrierefreie Web Component Bibliothek KoliBri** („Komponentenbibliothek für die Barrierefreiheit"), die vom Informationstechnikzentrum Bund als Open Source zur Wiederverwendung und Weiterentwicklung freigegeben: https://public-ui.github.io/

Glossar

Nachfolgend findet sich ein alphabetisch sortiertes Glossar mit den wichtigsten Begriffen.

Barrierefreiheit: Barrierefrei sind „Produkte und Dienstleistungen (...), wenn sie für Menschen mit Behinderungen in der allgemein üblichen Weise, ohne besondere Erschwernis und grundsätzlich ohne fremde Hilfe auffindbar, zugänglich und nutzbar sind."

Befreiung wegen unverhältnismäßiger Belastung: Führt die Barrierefreiheit nachweislich zu einer unverhältnismäßigen Belastung für ein Unternehmen, wird es von den Barrierefreiheitsanforderungen des BFSG befreit.

CE-Kennzeichnung: „CE"-Kennzeichnung steht für „Conformité Européenne", also „Europäische Konformität". Die CE-Kennzeichnung ist ein Zeichen für Sicherheit und Qualität. Sie hilft Verbrauchern dabei, sichere Produkte zu erkennen und gleichzeitig sich vor unsicheren Produkten zu schützen. Die CE-Kennzeichnung muss deutlich sichtbar, gut lesbar und unzerstörbar auf dem Produkt angebracht werden. Verstößt ein Hersteller gegen die Verpflichtung zur Kennzeichnung seiner Produkte mit der CE-Kennzeichnung, kann er mit einem Bußgeld bis zu 100.000 EUR belegt werden.

Dienstleistung: Dienstleistungen sind selbstständige Tätigkeiten, die von Unternehmen in der Regel gegen Entgelt erbracht werden. Darunter fallen insbesondere gewerbliche, kaufmännische, handwerkliche und freiberufliche Tätigkeiten.

Dienstleistungserbringer: Dienstleistungserbringer ist jede natürliche oder juristische Person, die eine Dienstleistung für Verbraucher erbringt oder anbietet, eine solche Dienstleistung zu erbringen.

Einführer: Einführer ist jede natürliche oder juristische Person, die Produkte aus dem Ausland in den deutschen Markt einführt oder die Einfuhr veranlasst.

Händler: Händler ist jede natürliche oder juristische Person, die Produkte kauft und verkauft. Händler können in unterschiedlichen Formen auftreten, zum Beispiel als Einzelhändler, Großhändler oder Online-Händler.

Hersteller: Hersteller ist jede natürliche oder juristische Person, die Produkte herstellt oder entwickeln oder herstellen lässt und dieses Produkt unter ihrem eigenen Namen oder ihrer eigenen Marke vermarktet.

Kleinstunternehmen: Unternehmen, die weniger als zehn Personen beschäftigen und entweder einen Jahresumsatz von höchstens 2 Millionen EUR erzielen oder deren Jahresbilanzsumme sich auf höchstens zwei Millionen EUR beläuft. Kleinstunternehmen können von den Pflichten zur Barrierefreiheit befreit werden.

Menschen mit Behinderungen: Von einer Behinderung ist bei einer langfristigen nennenswerten Benachteiligung auszugehen.

Produkte: Produkte können physische oder digitale Güter sein. Physische Güter sind materielle Gegenstände, wie zum Beispiel Elektronikartikel. Digitale Güter sind nicht-materielle Güter, etwa Software.

POUR: Die vier POUR-Prinzipien: (**p**erceivable, **o**perable, **u**nderstandable, **r**obust) dienen dazu, die Anforderungen und Maßnahmen zu kategorisieren.

Wesentliche Änderung: Eine wesentliche Veränderung kann etwa durch die deutliche Veränderung der Funktionsweise, der Sicherheit oder der Qualität des Produkts oder der Dienstleistung erfolgen. Die Prüfung der grundlegenden Veränderung erfolgt durch den Wirtschaftsakteur, nicht durch eine Behörde. Sie ist zu dokumentieren.

Persönliche Notizen